人事経験者だけが知る
採用と不採用の境界線

受かる面接
落ちる面接

株式会社ちかなり 代表取締役
就職サイト「合説どっとこむ」編集長

兵頭秀一

はじめに

努力すべき方向がわかれば、面接は簡単に突破できる

　学生時代は、何をどう頑張るか、努力の方向がシンプルで明確です。

「勉強を頑張ればいい」

「部活を頑張ればいい」

　悩むことがありません。

　ところが卒業を控え、「さあ、学生生活も終わりが近づいてきました。卒業後は自由に社会に飛び立ってください」と言われると、途端に大きな不安が襲ってきます。

　就職活動をするにあたって、何をどのように頑張ればいいのか、どこに向かって努力すればいいのか、よくわからないからです。

　公務員になれば幸せになれるとも言い切れない、大企業に入れば安全だとも言い切れない。今はそんな時代です。

　私はこれまでに4社で採用の責任者を務め、3,000人以上の面接に携わってきました。また、現在は「面接力養成就活講座」を主催し、累計1万人以上の就活生に面接突破のための秘訣を教えています。

　その中で、自分が努力すべき方向がわからず、就活に不安を抱えている就活生を、多く見てきました。

不安を抱えると、人は「目」から力が失われ、元気や活力がなくなっていきます。当然、面接の通過は難しくなり、さらに不安が増幅するという悪循環に陥ります。そして就活に失敗するのです。

就活において最も大事なことは、できるだけ不安の感情を打ち消すことです。そのための方法は、**「努力すべき方向を明確にすること」**に他なりません。

本書は、あなたが就活において努力をどの方向に向けるべきか、その行く先を明らかにしました。

この本を手に取ったあなたは、「意欲のある人」であり「努力のできる人」です。**意欲や努力を注ぐ方向さえ明確になれば、道は必ず開けます。**

本書では、細かいテクニカルなことも書きましたが、**「木を見て森を見ず」にならないよう、ご注意ください。**
「ああ！　そうなんだ。要はこうやって頑張ればいいんだね。簡単じゃん！」

読者の方には、最後にそんな感想を抱いていただければ幸いです。

株式会社ちかなり　代表取締役
就職サイト「合説どっとこむ」編集長
兵頭秀一

はじめに —2

第1章 基本戦略を知る

1 新卒採用では「未来」を問われる —10
2 新卒採用は「相対評価」である —12
3 新卒採用は「信頼性評価」である —14
4 覚悟、志、能力。最も重要なことは「覚悟」である —16
5 覚悟、志、能力。2番目に重要なことは「志」である —18
6 「能力」は就活中の数カ月では大きく成長しない —20

第2章 第一印象で面接官の心をつかむ

7 履歴書写真と面接当日は必ず「おでこ」を出す —24
8 「スーツ」「ネクタイ」「靴」は合否に影響しない —26
9 「不安そうなオーラ」は最悪である —28
10 「頼もしそうな人」と「親しみやすそうな人」 —30

第3章 面接の舞台裏をのぞく

- **11** 面接官に「面接のプロ」は多くない —34
- **12** 採用担当も「ノルマ」に追われている —36
- **13** 面接官は悲観的である —38
- **14** 履歴書はどこまで読まれるか —40
- **15** 「将来は人事の仕事がしたい」と言うと落ちる理由 —42
- **16** 面接官の評価はゆがむ —44
- **17** 面接では「2・6・2の法則」が働く —46

第4章 正しい面接の準備をする

- **18** 「メラビアンの法則」に合った面接対策を —50
- **19** 「政治家」の話術、「ニュースキャスター」の話術 —52
- **20** 「良い緊張」と「悪い緊張」とは —54
- **21** 「志望動機」の重要性 —56
- **22** 「志望動機」と「志望理由」の違い —58
- **23** 「いろいろな業界を受ける」就活だと勝率が落ちる理由 —60
- **24** 弱点は客観的に見ないと見つけられない —62
- **25** 社長の名前を知っていますか？ —64

第5章 面接の基本テクニックを身につける

- **26** アイコンタクトには適切なタイミングがある —68
- **27** 話の構成は結論、もしくは目次を先に —70
- **28** 読点過多の話し方に注意する —72
- **29** 数字を入れて具体性をもたせる —74
- **30** 1つの質問に30秒の回答がベストな時間配分 —76
- **31** 覚悟をもって本音で話す —78
- **32** 強弱、高低、速度に変化をつける —80
- **33** 最も重要なのは「熱」があるかどうか —82
- **34** 話すべき量の10倍用意して9割捨てる —84

第6章 面接の種目別攻略法を学ぶ

- **35** グループ面接はインパクト勝負 —88
- **36** グループディスカッションは司会が圧勝する —90
- **37** 人事部相手の個人面接は客観面接である —92
- **38** 役員相手の個人面接は主観面接である —94

第7章 企業が求める人材像を捉える

- **39** 「理不尽」を飲み込む度量はあるか —98
- **40** 企業は新卒に「即戦力性」を求めない —100
- **41** リーダーシップの価値 —102
- **42** 企業の利益に貢献する2種類の人材とは —104
- **43** 豊臣秀吉か大工さんか —106
- **44** 優秀な人材は自己成長にこだわって企業を探す —108
- **45** 上場企業役員による面接合格者の評価理由例 —110
- **46** 幹部候補生は×、スター候補生が〇 —112

第8章 しくじり就活とさよならする

- **47** 夢なき大人からのアドバイスは聞くな —116
- **48** 会社説明会を鵜呑みにするな —118
- **49** 就職ナビを信じるな —120
- **50** 3年で3割の新卒が辞める理由その1 神様研究皆無の就職活動 —122
- **51** 3年で3割の新卒が辞める理由その2 競争社会への理解がない就職活動 —124
- **52** 3年で3割の新卒が辞める理由その3 周囲への美しい報告を重んじる就職活動 —126
- **53** 3年で3割の新卒が辞める理由その4 マズローの欲求5段階説を無視した就職活動 —128

第9章 圧倒的に勝つ方法を見出す

- **54** 本気で社長を目指す —132
- **55** 週2冊以上、本を読む —134
- **56** ビジネス番組を活用する —136
- **57** 入社後にすべき自己啓発を今から始める —138

第10章 自分に合わない企業を回避する

- **58** ブラック企業は「2つの軸」で見分ける —142
- **59** ブラック企業の見分け方（経済編） —144
- **60** ブラック企業の見分け方（道徳編） —146
- **61** 初任給は重要ではない。大事なのは将来の年収である —148
- **62** 年収はいくらあれば幸せなのか —150
- **63** 数字は「比較」で理解する —152
- **64** 成長企業は「社員の増加傾向」で見る —154
- **65** ウサギよりカメ。就活の勝敗が決するのは60〜70歳である —156

おわりに —158

Ukaru MENSETSU
Ochiru MENSETSU

基本戦略を知る

就活に挑み、勝つための「基本的な考え方」をお伝えします。「新卒採用とはどんなものなのか」がわかれば、勝つための戦略も見えてきます。

第1章
第2章
第3章
第4章
第5章
第6章
第7章
第8章
第9章
第10章

新卒採用では「未来」を問われる

　企業が行う採用活動は、大きく3つに分けられます。「新卒採用」「キャリア採用」「アルバイト採用」です。
　それぞれの採用において、企業が応募者に求めるポイントは大きく異なります。

　キャリア採用では「過去」を問われます。
　「○○さんはA社でこのような実績を上げてきたのですね」「このような仕事内容を経験したことがあるのですね」といった過去の実績が、採用に直結します。

　アルバイト採用では「条件」を問われます。
　「23時まで働けますか？」「土日もシフトに入れますか？」というように、提示した条件に合う人を採用します。

　他方、**新卒採用で問われるのは「未来」**です。
　入社後、どのように働いていきたいのか。10年後、20年後のキャリアプランを具体的に描けているか。

「過去」でも「条件」でもなく、応募者の「未来」を問われるのが新卒採用なのです。

残念なことに、今も昔も多くの就活生が、新卒採用で問われる方向と逆方向の準備をして就活に挑んでいます。「ゼミ長でした」「サークルの幹部でした」と、過去を語ることに重点を置いているのです。一方、肝心な未来に対しての思考は空っぽです。

新卒採用の面接で面接官があなたに問うことは、**「何をしたいのか」であり、「何をしてきたのか」ではありません。**

もちろん、あなたの過去のことも質問はされますが、それはあなたの人となりを理解することが目的であり、戦力としての評価に大きな影響はありません。
「私には（仕事をするうえで）譲れない夢があります！それを実現するステージが、御社にあると考えました」
これを熱弁できれば、新卒面接は勝てます。

努力をする方向を間違えては、勝てる戦にも勝てません。自己分析より先に行うべきは、**「未来について教えること」。**
これこそが、新卒面接突破のための第一歩です。

2 新卒採用は「相対評価」である

　新卒採用を行うにあたり、企業は事前にその年の採用予定人数を定めます。特に年間の新卒採用人数が2桁を超える企業では、計画的に採用を進めます。

　ある企業の採用予定人数が30人だったとしましょう。その場合、採用への入口となる会社説明会への応募が100人だろうが1万人だろうが、採用するのは基本的に30人です。

　つまり新卒採用は、そのほとんどの場合、**「この基準をクリアした人は全員採用する」という絶対評価ではなく、「応募者の中から上位〇%を合格にする」という相対評価**なのです。

　どんなに業界研究や企業研究を重ね、入念な準備を行い、ベストな状態で選考に挑んでも、もしあなたより優秀な人がそこにいれば、あなたは選ばれません。

　例えばグループ面接で、あなたが素敵な笑顔を見せて

も、隣の人がより素敵な笑顔を見せたら、その時点で「敗退の理由」が発生しているのです。

　ちなみに面接官の中には、社会人１年目、２年目の若い人もいます。そのような若い面接官が、まだ自分がなってもいない、将来幹部候補になるような人材を、絶対的な基準をもって評価できるはずありません。

　そんな彼らでも面接選考ができてしまうのは、**「今日、一番良かった人はこの人、次に良かった人はこの人」というように、相対評価をするから**なのです。現に、面接官としての経験年数が少ない頃の私自身がそうでした。
　相対評価はそれほど難しいことではなく、経験の浅い面接官でもできてしまうのです。

　面接対策では採用基準をクリアすることに意識が向きがちですが、それは違います。**隣の学生に勝つ。見えないライバルに勝つ。**このことが重要と考えましょう。

　面接にはライバルがいることを常に意識し、相対的な敗北の理由をできる限り排除するように気を配る。
　これが、面接の基本戦略の１つです。

3 新卒採用は「信頼性評価」である

　例えば女性が、明日1日だけデートをする相手を選ぶとしたら、かっこよくて、話が面白くて、お金がある男性だったらほぼ合格でしょう。ここで重んじられるのは、能力評価です。

　ですが、結婚相手を選ぶとなれば、そうはいきません。能力よりも信頼性のほうが重要です。

　つまり、**短期契約（＝1日限りのデート）では能力**が重んじられ、**長期契約（＝結婚）では信頼性**が重視されるということです。

　それでは、新卒採用は短期契約でしょうか、長期契約でしょうか。

　日本には労働契約法というものがあります。これは簡単に言うと、社員として採用したらよほどの理由がない限りクビにしちゃいけませんよ、という法律です。

　そのため、**日本の正社員採用は長期契約**なのです。

特に新卒採用の場合、定年までの期間は40年前後にも及びます。事実上は無期長期契約と言えます。

一方、就活生の皆さんがこれまで何度か経験してきた受験は、短期契約と言えます。入学後、学校に在籍するのはわずか数年の期間限定だからです。

そのため、能力評価（＝ペーパーテスト）をクリアすれば、その組織の仲間入りを果たすことができます。

就活生の皆さんは、選考をどのようにして突破するかの対策を考えるとき、受験と同じような感覚で取り組んでしまいがちです。ここに、大きな落とし穴があります。

長期契約を勝ち取りたいのに、短期契約（＝受験）の成功で得たノウハウを反映させようとするのです。上手くいくはずがありません。

信頼性が重んじられる新卒の採用面接においてとても危険なことは、「自分を実力以上に見せようとする行為」です。

面接においては、背伸び、嘘、ハッタリはできるだけ控えなければいけません。

信頼性評価に×がついて、ジ・エンドです。

4 覚悟、志、能力。最も重要なことは「覚悟」である

いわゆる「成功者」と呼ばれるような人は、よくこのような言葉を口にします。

「決めました」

「決めたのでやります」

経営者が就活生の皆さんから聞きたい言葉も同じです。少なくとも経営者として今も社員採用を続けている私はそうです。

就職も、採用も、最後は双方にとって"賭け"です。実際のところは入ってみないとわからない、採ってみないとわからない、不確実なものなのです。

経費の中で圧倒的なウエイトを占めるのが人件費です。「企業は人なり」と言いますが、まさにその通りで、いい人材を採れたら会社は成長しますが、逆の場合、膨大な人件費だけがかかります。

人件費のコントロールの失敗は、倒産のリスクとなり

ます。ですが、それを恐れて人材の採用に消極的になると、それもまた、企業にとっては衰退というリスクになります。

そのため、**企業は、思い切りと積極性、強い覚悟をもって人材を採用**します。

ところで、一般社会で理想的な関係とはどのようなものを指すでしょうか。

それは、一方的に与える、もしくは与えてもらうのではなく、「与え合える関係」です。このことがわかっていれば、選考突破のために重要なことが、自ずと見えてきます。

あなたがその企業といい関係を構築する（つまり採用される）ための勘所は、**「覚悟をすること」**です。

覚悟をもってあなたの採用に挑む会社に、覚悟をもって応える。これが、選考において大きな価値になります。

覚悟とは、「御社に賭けます。この業界に賭けます。この仕事に賭けます」というあなたの意志です。

「いろいろな業界を見てみたい」「いろいろな企業を見てみたい」という就活は、大きなリスクを伴います。そこに覚悟がないからです。

二兎を追う者は一兎をも得ず。

就活における覚悟は、とても大切なものなのです。

5 覚悟、志、能力。2番目に重要なことは「志」である

　就職サイト「合説どっとこむ」の主催で、2011年から行ってきた「面接力養成就活講座」。1回完結型の3時間の同講座は、1年中日本全国で開催しており、2017年には累計の参加者数が1万人を超えました。

　参加者の性別、学部、学歴、志望業界に偏りはなく、この1万人は全就活生の縮図と言えるでしょう。

　「面接力養成就活講座」は、私が会社員時代に約15年の経験を積んだ新卒採用面接官としての視点から、**「面接官は何を考え、どこを見ているのか」をアドバイスする講座**です。講座の中では簡単な模擬面接を行い、それを撮影した動画を見ながらフィードバックもしています。

　累計の参加者数が数千人規模となってきたあたりから、はっきりとわかったことがあります。

　それは、上位1割に入る「優秀だなぁ」と思う学生には、明確な高い志があり、その他9割の学生は志がない

ということです。極論すれば、**勝者と敗者の違いは学歴でも成績でも能力でもなく「志」の有無**なのです。

　志がある人は努力の方向が定まっています。そのため、自然と、「目が輝く」「大きな声が出る」「陽のオーラを放つ」など、一挙手一投足がどれも美しくなります。そこに技術的な指導や修正は不要です。

　一方、志がない人は努力の方向が定まらず不安に満ちていますから、目の色は暗く、声は低くて、陰のオーラが出てしまいます。

　企業がどちらを採用するかは、言うまでもないでしょう。

　目の前の就活生が志がある優秀な就活生か、志のない平凡な就活生かが一発でわかる質問があります。

　それは、「あなたのキャリアプランを約30秒でお話しください」です。

　志ある就活生はひるむことなくこう答えます。「私は○年後に○○になります。そのためにこのようなプロセスを歩みます」。一方、志のない就活生はしどろもどろになります。前者は内定連発、後者は連敗し続けます。

　このような経験から、私は断言します。

「志」があれば、学歴や成績に関係なく就活を優位に戦えると。

　就活で「覚悟」の次に重要なのは、「志」なのです。

6 「能力」は就活中の数カ月では大きく成長しない

　仮にあなたに優秀な能力があったとしても、それを保有しているだけでは企業にとって何の価値もありません。その能力が「発揮」されることが重要です。

　採用担当時代、私は面接で次の**4つの切り口で応募者を評価**していました。

- 概念知能(頭の良さ)
- 人間知能(人間愛、他人と調和する力)
- 完遂能力(エネルギーの強さ、負けず嫌い度、責任感の有無)
- 明朗さ(明るさ、プラス思考度)

　しかしこの4つは、あくまでも**「保有能力」**であり、**能力発揮の可能性を示すものは応募者の「意欲」**です。意欲が0の場合、保有能力がいくら高くても、その能力が発揮されることはありません。そのため、私は「意欲」も評価の1つに加えました。

この5項目を5点ずつ、計25点満点で点数化し、選考を行っていました。5が抜群、4が良い、3が普通、2がやや悪い、1が非常に悪い、です。

それでは、今のあなたの点数を、自分でつけてみてください。ちなみに意欲は、「その企業、業界、職種に対する深い理解を伴う強い志望意志」と定義します。

- 概念知能　「　　」点
- 人間知能　「　　」点
- 完遂能力　「　　」点
- 明朗さ　　「　　」点
- 意欲　　　「　　」点　　　　　　合計　「　　」点

応募者に求められること

あなたの点数は何点だったでしょうか。

　合格には 20 点以上必要な企業もあれば、14 点ほどで
いい企業もあり、さまざまです。難関企業の選考突破の
ために必要なのは、18 〜 19 点以上でしょう。

　自分の点数を前ページの空欄に記入しながら、次のよ
うな気づきを得られたのではないでしょうか。

①25点は意外と遠い
②就活の短期間で概念知能、人間知能、完遂能力、明朗さ
　の保有能力を加点することは難しそうである
③就活の短期間でできることは、2 〜 3 点しかない意欲
　を 4 点、5 点にしていくことだけかもしれない

　そうです。合計点の加点のためにこれからできること
は、意欲を高めることだけなのです。

　就活の短期間において「能力」は今以上に大きく成長
させられるものではありません。採用を勝ち取るために
は、能力を発揮する「意欲」を高めることが大切なのです。

Ukaru MENSETSU
Ochiru MENSETSU

第一印象で面接官の心をつかむ

面接で何よりも大切なのは第一印象です。面接官の評価の9割は、出会ったそのとき、一瞬で決まります。この章では、第一印象で抜きん出る方法をお伝えします。

7 履歴書写真と面接当日は必ず「おでこ」を出す

　第一印象で最も大切なこと。それは、**「髪型」**です。**ポイントはただ1つ。「おでこ」を出すこと**です。髪の長い短いは、問題ではありません。とにかく「おでこ」が出ているかどうか。これが合否に大きく関わります。

　その理由は次の2点です。

①**さらけ出している皮膚の面積が小さいと、印象が薄れる**
②**おでこを隠す髪型は若く見えるが、それは言い換えれば頼りなく見えるということであり、面接においてはネガティブファクターとなる**

　理由①については、覆面プロレスラーを想像すればわかりやすいでしょう。顔面全体を布で覆い、目と鼻と口だけを出して「謎の人」を演出しているのが覆面プロレスラーです。**髪の毛で顔が覆われるほど、覆面プロレス**

ラーに近づきます。面接の場で自分を「謎の人」に寄せてしまえば、当然、勝率は下がります。

次に理由②について。昔から**「自信がある人は、おでこを出している人が多い」**と言われています。もちろん例外はありますが、有名人、知人などを思い浮かべると、高確率でこの説が当てはまるのではないでしょうか。

ですが、面接官の多くはこの「おでこ理論」を知りません。また、面接評定票のチェック項目に「おでこ」があるわけでもありません。「理由はよくわからないが、なんとなく不安そう、頼りなさそう」という評価を、その原因がおでこにあると気づかないまま下しているのです。

おでこの重要性は、面接力養成就活講座での膨大な数の模擬面接でも数値的に立証されています。

実際にある信用金庫の内定者から、「最終面接の待合室にいた人（そこまで選考を勝ち抜いてきた人）は、確かに全員おでこが出ていた」という報告を受けたこともあります。

履歴書写真の撮影時と面接当日は、男女問わず、必ずおでこを出すようにしましょう。

8 「スーツ」「ネクタイ」「靴」は合否に影響しない

「おでこが出ているかどうか」が合否を大きく左右する一方で、**スーツやネクタイ、靴などの「服装」は、合否に影響することはあまりない**と考えて良いでしょう。

まず、そもそも面接官はファッションのプロではありません。誰もが着ているようなスーツを着ているからといって、「これといって特徴のない人が来たな」とは思わないのです。

ただし、下手に服装で個性を主張しすぎたり、逆にダサすぎたりすると（例：男性がスーツに白い靴下、など）、この人は空気が読めない人だと評価されてしまいます。**「空気が読めない」という評価は致命的**ですから、そこは注意が必要です。

面接官が服装を評価項目として重視しない理由は、もう1つあります。

服装に粗相があっても、それは教育で簡単に修正できるからです。

能力不足には、次の2種類があります。

「入社後に教育で修正できる能力不足」

「入社後の教育では修正できない能力不足」

服装などにおけるエラーは前者です。そのため、服装は合否にほとんど影響がないのです。

「服装は合否に大きな影響はない」ことを証明する1つのエピソードがあります。

私がある一部上場企業の採用担当だった時代、Tシャツ&ジーンズで面接会場にやって来たキャリア転職希望の女性を、社員として採用したことがあります。面接に来る服装としてはNGでしたが、それ以外に大きな問題はありませんでした。受け答えから、「空気が読めない人」というわけでもないこともわかりました。

私はその場で、「面接にTシャツとジーンズで来ちゃダメだよ」と優しく伝えました。すると彼女は、素直な態度で、「はい、気をつけます」と答えました。これで、もう解決です。その人は、その後社員として、とても活躍してくれました。

面接の場においては、服装はあまり重要なポイントではありません。それより大切なことは他にたくさんあります。そこを磨いたほうが効果があるのです。

9 「不安そうなオーラ」は最悪である

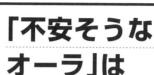

　「不安そうなオーラは面接においては最悪である」と心得ましょう。**入室して5〜10秒で不合格が決定**してしまいます。

　不安そうな、陰のオーラ全開の応募者が目の前に現れたとき、面接官は何よりもまず、「これから数十分間もこの人と会話をしなくてはならないのか」と、億劫な気持ちになります。そもそも、そんな不安そうな人と一緒に働きたいと思いません。

　不安の解消方法は、第1章でお話ししたように「覚悟」と「志」をもつことです。
　覚悟や志で人生の、そして就活の努力すべき方向を定めることができれば、自然とその不安は希望に変わり、陰のオーラは陽のオーラに反転します。
　面接対策の本にはよく、不安そうなオーラを消すために「面接官の目を見て話しましょう」「笑顔をつくりま

しょう」と書いてありますが、不安そうなオーラは、そのような小手先のテクニックで簡単に消えるものではありません。

オーラは一挙手一投足に表れます。根幹である覚悟と志が固まっていなければ、面接官に、「この人は不安なんだな」とすぐに見抜かれてしまいます。

面接の段階に至っても、「志望業界や志望職種は未定」という就活生がいますが、当然、このタイプの就活生には、覚悟や志がありません。

そのような就活生は、目を見るだけでわかります。目を見るだけでわかるのですから、小手先の面接テクニックでカバーできるはずがないのです。

覚悟や志なんてなかなか決まらないよ、というあなた。その気持ちもわからなくはないのですが、それでは満足のいく就職はできません。

せめて覚悟か志のどちらか1つでもあれば、あなたが発するオーラから不安が消え、面接官が顔を見た瞬間に会話する意欲を失う、というようなことはなくなります。

テクニックに走らず、足元を固めましょう。

第2章　第一印象で面接官の心をつかむ

10 「頼もしそうな人」と「親しみやすそうな人」

　面接官が採用するときに重視するポイントはたくさんありますが、感覚的には、「一緒に働きたい」と思った人を選び、次のステップへと引き上げます。

　面接官が複数いる場合、「一緒に働きたい」と思うポイントは人それぞれですが、だいたいは２つの基準に集約されます。

　それは、**「頼もしそうな人」**か**「親しみやすそうな人」**です。面接官は、この２つの切り口で「一緒に働きたい人」を選んでいます。

「頼もしそうな人」とは、言い換えれば**「戦力性が期待できる人」**、つまり、まわりを引っ張って仕事で成果を上げられる力のある人です。

　一方、「親しみやすそうな人」とは、**「同化性（我が社になじむかどうか）が期待できる人」**、つまり、少々頼りなくても、一緒にいて楽しく、チームを明るくする力

のある人です。

企業にとってはどちらのタイプも必要な社員です。そしてすべての学生が、「頼もしさ」か「親しみやすさ」、どちらかの良さを必ずもっています。

あなたが自慢できるのは、「頼もしさ」と「親しみやすさ」のどちらでしょうか。

自分の長所はこの2つで言えばどちら寄りなのかを認識し、それを自信と誇りに変えて面接に臨みましょう。

「頼もしさ」をより磨くには、**「声の張り」**(52ページ)、

「結論先行の話し方」（70ページ）、「句読点の位置」（72ページ）の3点を意識することです。

　それぞれのちほど詳しく解説しているので、参考にしてください。

「親しみやすさ」を伝えるのに大切なのは、笑顔です。いつもより意識して笑顔で面接に臨みましょう。

　ただし、選考倍率が高い人気企業や難関企業には、「頼もしさ」と「親しみやすさ」を兼ね備えた猛者たちが多く応募します。

　このような企業を希望する場合は、長所を磨くばかりではなく、足りないほうを補うことも必要になります。

　「頼もしさ」と「親しみやすさ」。意識するのとしないのとでは、大違いです。

Ukaru MENSETSU
Ochiru MENSETSU

面接の舞台裏をのぞく

第3章

採用担当として、3,000人以上の新卒面接に携わった経験から、この章では、学生側からは見えないところで、採用側がどんなことを考えているのかを明かします。

11 面接官に「面接のプロ」は多くない

　面接に臨む学生から見ると、面接官は「百戦錬磨の審査員」であり、何でも見抜いてしまう「万能の神」に見えるかもしれません。

　ところが意外にも、**面接官には「ど」がつくほどの「素人」も多く存在**します。

　人事に長く携わってきた私でも、「経理一筋40年」のプロフェッショナルは知っていても、「採用一筋40年」のプロフェッショナルは、見たことも聞いたこともありません。

　なぜなのか。その秘密は、「採用」という仕事の特殊性にあります。

　新卒採用担当とは、常に学生の方向を向いている仕事です。企業の本業とは、全く違う世界観で仕事をしていると言っていいでしょう。

　その企業で働いているのに、その企業の本業ではない

ことを1年中する。これが、採用担当です。

　つまり、採用担当を5年間すると、本業については「5年間休職している」のと同じようなものなのです。

　当然、本業の勘が鈍ってしまうような人を何人もつくってしまっては、企業としてもマイナスです。そのため、**採用担当は長くても3年ほどでローテーションするのが一般的**です。

　あなたが相対する面接官は、多くの場合、「面接のプロ」ではなく、「配属されて3年以内の素人」なのです。必要以上に怖がる必要はありません。

　一方で、相手が「素人」だからこそ、**「判断ミスもするし、見落としもする」**ということを意識して面接に臨む必要があります。

「面接で緊張してしまって、上手く自分を表現できないけど、面接官さんならきっと私の内面を見抜いてくれますよね」と委ねても、見抜いてくれるはずがないのです。相手は「素人」なわけですから。

　相手の理解力に頼らず、相手がわかりやすいように自分の力で自分自身について伝えなくてはならないことを肝に銘じましょう。

第3章　面接の舞台裏をのぞく

12 採用担当も「ノルマ」に追われている

　営業や商品開発などの部門とは違い、採用担当にはノルマがないと思っている人もいるかもしれません。
　しかし、実際は違います。採用担当も「ノルマ」を抱えています。

　その**「ノルマ」とは採用人数**です。例えば「今年は100人採用しなさい」という指令が出たら、その人数をどう確保するかに皆、頭を悩ませます。100人採るということは決して簡単なことではないのです。

　私が一部上場企業の採用担当責任者だった頃の採用方法を例に挙げましょう。
　その企業は毎年100人を新卒採用していました。確実に100人に入社してもらうためには、その2倍以上の人数に内定を出す必要があります。必ず「内定辞退者」が出るためです。この場合、250人ほどに内定を出すことになります。

そのためには、最終面接には350人を残さなくてはいけません。さらに掘り下げていくと、2次面接には750人、1次面接には2,000人、筆記試験には3,000人を呼ばなければならない……。

このように採用担当は、採用予定人数から逆算して、応募者集めから選考倍率の設計などを行います。

この数字を見ると、**採用活動の最終段階に近づけば近づくほど、「辞退されたときの影響度は大きい」**ことに気づくでしょう。

つまり、「第一志望です」「内定をいただいたら絶対に御社に入社します」という態度は、採用担当にとって、いわゆる票固めができるため、ものすごくありがたいものなのです。なぜなら**「この人は内定を出したら絶対に入社してくれる」と安心できる**からです。

優秀だけど入社してくれるかどうかわからない応募者と、それほど優秀ではないが確実に入社してくれそうな応募者の2択となった場合、私はほとんどの場合、後者を採っていました。

採用担当にもプレッシャーがかかっていることを見抜き、それを逆手にとって面接を優位に進めるのも、立派な面接テクニックです。

13 面接官は悲観的である

 日本プロ野球史上最高レベルの逸材であるイチロー選手は入団時、ドラフト4位だったそうです。その一方で、ドラフト1位で入団し、期待されながらも1軍にすら上がれずに消えていった選手も無数にいます。

 このエピソードは、**人材の将来を予測するのは実に難しい**ことを証明しています。

 新卒採用担当の成果を、幹部やスターの輩出で測るならば、少なくとも入社から10年以上経過しないとわかりません。しかし失敗は、内定辞退や入社数年以内の退職という形で、かなり早い段階に表面化します。

 失敗はその理由を検証し、科学的アプローチで改善していくことが可能ですが、イチロー選手のような人材を採ることは、計算や努力でできるものではありません。
 そのため、企業の採用に対する考え方は「スター候補生を採る」ことよりも、「採って失敗だった事例を検証し、

それを繰り返さないようにする」という方向に寄っていく傾向があります。

　これは、女性の男性への警戒心に似ているかもしれません。
「この人は浮気をしないだろうか」
「この人は釣った魚にきちんと餌をあげるだろうか」
　失敗を繰り返したくない採用担当も、同じように考えます。このような視点は、どちらかというと悲観的です。
　浮気された経験（早期退職、内定辞退）があったり、交際したら急に冷たくされたような経験（入社後に意欲を感じられない）があれば、なおさらです。

「私は浮気いたしません！」
（＝早期退職、内定辞退しません）
「私は釣った魚を大切に育てます！」
（＝入社が目的ではありません。入社後も頑張ります）

　この２点において、面接官の信用を勝ち取ることができるかどうか。
　これもまた、大事な面接対策です。

14 履歴書はどこまで読まれるか

「履歴書は手書きであるべきだ」
「履歴書に修正液を使うなんて御法度である」
　と考える人がいますが、そんなに神経質になる必要はありません。

　大学などでは「履歴書の書き方セミナー」が開かれるなど、企業に提出する履歴書は過剰に神格化されているように感じます。しかし当社では、そのようなセミナーは開催したことがありませんし、今後もしません。
　なぜなら、採用担当にとって**履歴書は、「話を早く進めるための道具」にすぎず、それほど重要なものではないからです。**

「学生時代、部活やサークルは何をしていましたか？」
「体育会で野球部に所属していました」
「野球部ですか。何か１つ、自慢できることはありますか？」

という会話が、履歴書があることによって、

「学生時代は野球部に所属していたのですね。何か１つ、自慢できることはありますか？」

　と、一段階早くなります。
　履歴書は、時間を短縮するための道具なのです。

　さすがに殴り書きの履歴書は良くありませんが、**履歴書をパソコンでつくった、修正液を使ったといった理由で減点することはありません。**
　なぜなら、人材評価の判断材料としては全く意味がないからです。
「１文字間違えただけで、全部書き直しをする」などは、時間と労力の無駄です。

　これからの時代は、「生産性」が重視される時代です。
　履歴書手書き主義の時代はいずれ終わります。
　そして、履歴書手書き主義の企業も、いずれなくなることでしょう。

15 「将来は人事の仕事がしたい」と言うと落ちる理由

　「将来は当社でどのような仕事がしたいですか？」という質問に、「人事の仕事がしたい」と答える学生は、結構います。しかし、この発言はＮＧです。

　総合職採用では、企業は基本的に「稼ぎに貢献する人」を求めます。商品開発や企画、営業、バイヤーなど、最前線で利益を生み出す人がほしいのです。
　一方、総務をはじめ、人事、広報、経理、情報システムは、確かに大事な仕事ではありますが、どちらかと言うと「裏方」です。
　極端に言えば、プロ野球のドラフト会議に向けて、「私は球拾いがしたいです」と宣言するようなもので、総合職採用の面接では、人事を希望していることは話さないほうがいいでしょう。**稼ぎに貢献することを放棄していると見られ、印象が良くありません。**

　また、社員数 2,000 人の会社でも、人事部の社員数は

20人ほどです。配属可能性はわずか1%。しかも、配属される保証はどこにもありません。

　あなたが「可能性1%」の仕事に熱意を燃やしていることを伝えると、面接官は、この人は、おそらく配属される「人事以外の残り99%の部署」でモチベーション高く働くことはできないだろう、そんなにその仕事をしたいなら他社のほうが……と、むしろあなたの幸せを考えて、愛情をもってあなたを落としてしまいます。

　そしてもう1つ。人事などの間接部門を希望することで、営業や商品開発の部門につきものの**「ノルマ」から逃げている印象を与えてしまいます。**
　逃げ腰で弱気な人を、企業はわざわざ採用しようとは思いません。

　しかし、人材の採用や教育の仕事が、企業にとって貢献度の高い、やりがいのあるものであることも事実です。
　もし、人事全般に影響を与える仕事をしたいならば、「社長を目指す」が正解です。社長という仕事は、稼ぎにも、人事にも影響を与えることができる、とてもやりがいのある仕事です。

16 面接官の評価はゆがむ

　面接官とは、公平性や客観性を保ち、高い人間性と判断力、戦略頭脳が求められる仕事です。

　そうは言っても、面接官も生身の人間です。**人間らしいクセやゆがみは、面接官にも存在します。**

　面接官のクセについては、古くからいろいろなところで研究されており、その研究結果は面接官養成の場などで共有されています。

　面接官の「人間らしい」クセについて、いくつかご紹介しましょう。

①経験豊富な面接官も、経験の浅い面接官も、その判断力に変わりはない
②早急に人が必要なとき、応募者を実際より高く評価してしまう
③面接開始後５分ほどで合否を決めてしまう
④学歴や学力テストの結果に判断が影響されやすい
⑤自分と同じ傾向を持つ人を高く評価してしまう

⑥直前に「すごくいい人」「すごく悪い人」がいると、次の
人の評価がゆがむ
⑦他の面接官の判断予測が入ってしまう（政治的配慮。
「なぜこんな学生を役員面接に上げたのか、と役員に怒
られはしないか……」など）

　いかがでしょうか。この7つは、4社で約15年にわ
たり3,000人以上の新卒面接をしてきた私にとって、す
ごく納得できる「あるある」です。
　いかに面接官が不安定なものであり、「面接」という
選考方法自体、面接官のバイアスが大きくかかりやすいも
のであるかが、おわかりいただけたのではないでしょうか。
　残念ながら、面接や採用において誤解やゆがみがなく
なることは、絶対にないでしょう。面接官が人間である
限り……。

　面接を受ける側の皆さんが、面接官の考え方のクセを
どうにかすることはできません。
　しかし、面接の現場で起きている事実を知ることで、
面接開始後5分が大切である、グループ面接で前の人が
いい感触だったら注意するなどの対策を講じることはで
きます。
　面接官の評価がゆがむことがあることを、覚えておき
ましょう。

17 面接では「2・6・2の法則」が働く

「2・6・2の法則」をご存じでしょうか。

どの組織でも、**2割の人間が優秀な働きをし、6割の人間が可もなく不可もない働きをし、残りの2割の人間は働きがあまり良くないという法則**です。

この法則はそのまま、面接の現場にも通じます。

面接官3人と応募者1人で行う30分の個人面接を、1日10人行うとします。そのうちの5人を合格にして、次のステップへ通過させるという例で見てみましょう。

30分の面接を終えて応募者が部屋を出た直後、3人の面接官は意見合わせをします。あとから評価しようとすると忘れてしまいますから、面接を終えたその場で評価するのです。

1日10人の面接を終えてみると、そのうちの2人、つまり**2割の応募者については、3人の面接官が満場一致・即決で合格**の判断を下します。

「今の学生は良かったですね」「文句なしです」「合格でいいでしょう」と、ポジティブな言葉ばかりが飛び交います。

　一方、**10人のうち2人についても、面接官が満場一致・即決で不合格**にします。
「今の学生さんは厳しいですね」「不採用ということで」と、ネガティブな言葉しか出てきません。

　問題は真ん中の6人です。**面接官の意見が割れたり、迷ってすぐに結論が出なかったりするのが、この真ん中の6割**なのです。

「笑顔は素敵だけど勉強不足ですよね」「能力・人柄は申し分ないのですが、別の会社に行きそうですね。通過させても、うちの会社には来ないのではないでしょうか」など、ポジティブな言葉とネガティブな言葉がどちらも飛び交います。

　その日の面接の合格率が5割ですから、満場一致で合格とした2人に加え、真ん中の6人から3人を拾い上げることとなります。
　そのときに選ばれる3人は誰なのか。
　それは、くじ引きに当たるかのような偶然性を伴う、実に小さな理由によって分かれます。
　例えば、ある面接官が思い出したように、「そういえば、この子の笑顔は素敵でしたね。この子にしませんか？」と提案して合格、となったりするのです。
　そのため、面接における合格と不合格の境界線、その因果関係を、正確には誰も特定できません。

　したがって、面接必勝法、つまり面接で必ず勝つ方法とは、「上位2割に入る」ための方法です。10人中3位になるかもしれない作戦は必勝法とは言えません。
　面接では常に、上位2割に入ることを目指しましょう。

Ukaru MENSETSU
Ochiru MENSETSU

正しい面接の準備をする

面接で勝つには、正しい準備が必要です。この章では、内定に最短距離でたどり着くためにはどのような準備が必要なのかを述べていきます。

18 「メラビアンの法則」に合った面接対策を

「メラビアンの法則」をご存じでしょうか。

話し手の話を聞いたときの聞き手の評価は、「どう見えたか」という**視覚情報が55%**、「どう聞こえたか」という**聴覚情報が38%**、ここまでで合計93％。**「話の内容」は、評価の7％にすぎない**というものです。

長年、面接官を務めてきた私も、この説には強く共感します。

ところが、就活生の皆さんが取り組む面接対策はそのほとんどが台本づくり、想定問答集づくりです。

「話の内容」を充実させようと、そこに100％のエネルギーを注ぎます。しかし現実は、「話の内容」が占める評価のウエイトは7％、**台本づくりは実に生産性の低い努力**なのです。

大事なことは見た目と声です。ミュージシャンで言えば、詩が良くても歌が下手だと観客の心をつかめないの

と同じこと。面接対策とは、「どう見えるか」「どう聞こえるか」と「話の内容」を、面接官が評価するウエイトにしたがい、バランス良く高めていくことです。

面接対策のポイント12点を、下記に挙げます。

①アイコンタクトができているか（68ページ）
②声を張っているか（52ページ）
③頼もしさが感じられるか（30ページ）
④親しみやすさが感じられるか（30ページ）
⑤結論先行で話しているか（70ページ）
⑥熱はあるか（82ページ）
⑦数字を断言しているか（74ページ）
⑧句読点ごとに適切な間があるか（72ページ）
⑨読点「、」過多の話し方になっていないか。句点「。」を小刻みに入れているか（72ページ）
⑩話す時間の長さは適切か（76ページ）
⑪本音で話しているか（78ページ）
⑫話し方にメリハリがあるか（80ページ）

それぞれの項目について、詳しく説明しているページがあります。

そちらを参考にしながら、「どう見えるか」「どう聞こえるか」と「話の内容」をバランス良く高めていきましょう。

19 「政治家」の話術、「ニュースキャスター」の話術

　面接における、応募者の「理想の話し方」とは、どのようなものだと思いますか。

　政治家の演説のように、熱を込めた、声の張った話し方でしょうか。それとも、ニュースキャスターのように、理路整然とした冷静な話し方でしょうか。

　実は、どちらも正解です。面接では、**「政治家のように話す場面」と、「ニュースキャスターのように話す場面」を使い分ける必要がある**のです。

　志望度の高さを示す「キャリアプラン」や「志望動機」など、未来の自分に大きく関わることを話すときは、政治家の演説のように熱を込めて、声を張って話すのが効果的です。

　汗をかいても、つばが飛んでも構いません。思いのたけを伝えましょう。

一方、「学生時代に頑張ったこと」のように、過去の経験を話す場合は、ニュースキャスターのように理路整然と話すのが良いでしょう。過去の話は、「事実」を説明すれば、それで十分だからです。

　未来のことをニュースキャスターのように淡々と話されても、熱意は伝わりません。

　また、**過去のことを、政治家のように熱を込めて話されても、事実自体は変わりません。**

　未来に関して自信がない就活生はつい「原稿丸暗記でニュースキャスターのように」話してしまいます。そして、過去のことは実際にあった出来事なので「自信を持って堂々と」伝えがちです。

　しかし、やるべきことはその逆なのです。

　正しい方向と逆の方向へ努力することほど見ていて残念なことはありません。

　面接では、未来を話すことが重要なので、自然と熱を込めて、声を張って話す場面が多くなるでしょう。

　未来の話は政治家の演説をイメージして。

　過去の話はニュースキャスターをイメージして。

　面接前にもう一度、自分に言い聞かせましょう。

20 「良い緊張」と「悪い緊張」とは

　大事な面接の前は、誰もが緊張するものです。しかし、自分の緊張の「正体」を知れば、それをコントロールすることができます。

　緊張には「良い緊張」と「悪い緊張」の2種類があります。**「良い緊張」とは、その人の誠実さや真面目さがにじみ出ている緊張**です。

　不器用で朴訥(ぼくとつ)で、つっかえながらも、なんとか相手に伝えようとしている——。このような姿を見ると、面接官は、「面接で緊張しているけれど、一生懸命な人なんだな。真面目そうで、リラックスした環境ではしっかりと仕事をしてくれそうだ」と受け取ります。

　「自分の人生を賭けた場面で嘘をつく器用さのない正直な人」と判断するからです。

　14ページで述べたように、日本の就活は「信頼性評価」です。嘘をつけない不器用さは、信頼性につながります。

一方の**「悪い緊張」は、自分を実力以上に見せようと
することからくる緊張**です。
「事前の企業研究を怠った」
「志望業界がまだ明確でないまま面接に来ている」
「なんとなく待遇が良さそうだから面接に来た」
　このような面接への「準備不足」を自覚したうえで面
接に臨むとき、人間はその「準備不足」を悟られないよ
うに繕おうとします。自分を「準備万端な、優秀な学生」
に見せようとして、緊張するのです。
「悪い緊張」を見せた瞬間、面接官の信頼を得ることは
できなくなります。
「仕事でも、準備不足をそれなりに繕って切り抜けよう
とする人だ」と判断されてしまうからです。

　あなたの緊張は、「良い緊張」「悪い緊張」のどちらで
しょうか。
「良い緊張」ならば、それこそが相手に好感を与えるの
だと、緊張を逆手にとって堂々と面接に臨みましょう。
「悪い緊張」ならば、まずは自分の準備不足と向き合い
ましょう。準備をすることで「悪い緊張」は自然と消え
ていきます。

21 「志望動機」の重要性

　面接の準備の中でも、特に重要となるのが「志望動機」の深掘りです。なぜ重要なのか。その理由は、次の3点です。

①90％以上の学生は「志望動機」づくりが下手なので、「志望動機」を磨くだけで、上位10％にのし上がることができる

　「自己PR」や「学生時代に頑張ったこと」などで他の学生と差別化するのは、そう簡単なことではありません。学生が経験することは似通っているからです。

　しかし、「志望動機」は明確に差を出すことができます。90％以上の学生は、「志望動機」づくりが下手なので、**差をつけるチャンス**になります。

②優れた「志望動機」こそ、面接官が最も望んでいることである

　その企業や仕事に興味をもった理由と、応募に至るま

での物語には**応募者ならではの「ドラマ」**があります。本気であればあるほど、聞き手の心は揺さぶられます。

　面接官がまず聞きたいのは、「あなたはいつ、どんなきっかけで我が社を評価したのか」ということ。それが、自社への深い理解に基づく「強い意志」なのかを知りたいのです。

③悔いのない企業選択に、「志望動機」の深掘りは不可欠

「志望動機が弱い」ということは、つまり「その企業を選んだ理由が、自分の中でまだ整理できていない」ということです。

　そのままでは、たとえ内定をもらって入社しても、「思っていたのと違った」という、入社後のミスマッチと直結してしまいます。確実に後悔することになるでしょう。**「業界志望動機」「職種志望動機」「企業志望動機」という3つの切り口**から、自分の志望動機を見つめ直し、深めていきましょう。

　「面接官の評価を得るため」だけでなく、**「自分が就職に失敗しないため」**にも、志望動機の深掘りは大切です。

22 「志望動機」と「志望理由」の違い

多くの就活生が、「志望動機」と「志望理由」の違いをわかっていません。「志望動機をお聞かせください」という質問に対し「志望理由」を答えています。

これはまさに、質問に対する答えになっていない典型的な例です。

「志望動機」とは、「きっかけを含む時系列的な物語」です。単に、「社風が素晴らしい」「やりたい仕事がある」「業界 No. 1 だ」というだけでは「志望理由」止まりです。理由を語られても、面接官の心は動きません。

「志望動機」には、①「知った」、②「視界に入った」、③「好きになった」の3段階があります。

①知った

例）adidas というスポーツ用品メーカーがあることを7歳のときに知った。

②視界に入った

例）大学の部活の先輩に、adidas に就職した人がいた。「自分の大学から adidas に就職する進路があるのだな」と視界に入った。

③好きになった

例）就活が始まり、企業研究を深める中で、adidas は素晴らしい企業だと感じた。職種を見ていると、自分のやりたい仕事もたくさんある。好きな企業になり、第一志望で目指したい企業になった。

あなたの「志望動機」には、この３段階がしっかりと組み込まれているでしょうか。「業界 No.1 だ」「社風がいい」など評価を並べただけの、単なる「志望理由」止まりになってはいないでしょうか。

面接官は、通り一遍の「志望理由」には聞き飽きています。目の前の学生の受け答えが、**「準備した回答の使い回し」なのか、熱のこもった「自社への志望動機」なのか**を見ています。

「志望動機」を、「きっかけを含む時系列的な物語」にすることで、あなたにしか語れないドラマ性が生まれます。

そしてそのドラマ性こそが、「入社したい」という言葉に説得力を生むのです。

23 「いろいろな業界を受ける」就活だと勝率が落ちる理由

　就活は「二兎を追う者は一兎をも得ず」と「下手な鉄砲も数撃ちゃ当たる」の両方の側面をもちます。

「いろいろな業界を受けましょう」とアドバイスする人がいますが、これは本当に正しいでしょうか。
　企業側への敬意と配慮を欠いた、利己的で合理主義的な就活は、いくらルールの範囲を逸脱しない個人の権利とは言え、感心しません。
　仮に内定をもらえたとしても、そのような考え方や行動が、やがて社会人としての失敗の火種となるでしょう。

　今日は銀行。明日はメーカー。明後日は商社。特に希望職種もない。そのような面接をして、果たして心のこもった志望動機が言えるでしょうか。
　面接官は必ず聞きます。「他にはどのような会社を受けていますか？」と。この質問で、業界研究や企業研究がしっかりできているかを判断するのです。

いろいろな業界の面接を渡り歩いている学生を見ると、面接官は当惑するだけです。「この人は、ブランド力のある大企業に行きたいだけなんだな。大樹の陰に隠れて楽に生きていきたいだけなんだな」などと判断されてしまいます。

　当然、面接の勝率は急降下します。確かにたくさんの企業を受けることで、偶然１つくらい内定をもらえることもあるかもしれません。しかし、そんな**運に任せて内定をもらっても、本当の意味で就活に成功したとは言えません。**入社後のミスマッチにつながるでしょう。
　中には複数の業界にまたがって応募していながら、何社も内定を勝ち取る逸材も、毎年存在します。しかし、それは評価の高い逸材だからできることであり、相当な自信がなければ真似すべきものではありません。

「どのような業界で働きたいのか」。または、「どのような職種で働きたいのか」。**「自分はこの仕事がやりたい」という軸を、まずは１つ決めましょう。**
　軸のない就活をしていると、勝率が悪く、いつまでも内定がとれないドロ沼に陥ってしまいます。

24 弱点は客観的に見ないと見つけられない

　面接を受ける前におすすめしたい、極めて有効で即効性の高い「セルフチェック」の方法をご紹介します。

　それは、**スマートフォンで自分の「面接する姿」を動画撮影してみる**ことです。

　どんなに頭の中で面接のシミュレーションをしたとしても、客観的に自分の姿を見ない限り、どこがダメなのかを正確に知ることはできません。

　50ページで述べた「メラビアンの法則」を思い出してください。面接官は「話の内容」だけでなく、「どう見えるか」「どう聞こえるか」という点も総合して、あなたを評価します。

　台本だけ練って、それを覚えるだけでは面接対策にはならないのです。「どう見えるか」「どう聞こえるか」もチェックする必要があります。

　まずはどの会社でも必ず聞かれる「志望動機」を30

秒から1分、スマートフォンのカメラに向かって話してみましょう。**このとき、事前に台本をつくってはいけません。**セリフを暗記してもいけません。**自分の言葉で1分間、頭が自動的に回転してスピーチできるか**が、大事です。

　撮影をしたら動画を再生して視聴してみましょう。何が正解で何がダメなのか。チェックすべきポイントは、51ページで挙げた12点です。

　動画を見た感想はいかがでしょうか。

　まず、友だちや家族に見せても恥ずかしくない出来でしょうか。おそらく最初は、「とてもじゃないけれど、友だちになんて見せられない」と感じることでしょう。とても恥ずかしい姿になっていることとお察しします。

　しかしその恥ずかしい姿を、あなたは現実に、実際に面接官に見せようとしていたのです。

　人生を賭けた就職面接で、友だちにも見せられない恥ずかしい姿を、そのまま面接官に見せるわけにはいきませんね。

　51ページの12点のチェックポイントに基づいて、何度でもその出来栄えを修正して、自信をもって面接に臨みましょう。

25 社長の名前を知っていますか？

　私が主催している就職サイト「合説どっとこむ」の面接力養成就活講座で、もう来週は最終面接だという学生に模擬面接をすることがあります。

　そんな学生に、私はこんな質問をぶつけます。

「当社の社長の名前をご存じですか？」

　するとなんと、ほとんどの学生がこの質問に答えられないのです。これから入社しようとしている志望企業の社長の名前を知らないことに、心底驚くばかりです。

　実際には、面接で社長の名前を聞かれることは滅多にないでしょう。しかし、最終面接に進んでまでなお、社長の名前を知らない。これでは失敗して当たり前です。このような準備を、「ずさん」と言います。

　質問された学生も気がつきます。「そりゃそうだ。さすがに最終面接まで来て社長の名前を知らないなんてまずい。大失敗した」と。そしてその後は準備不足の核心を突かれた恥ずかしさと後悔で、言葉はキレを失い、ボ

ロボロになっていきます。最終的には、面接崩壊です。

　就活とは関ヶ原の戦いのようなものです。
　東軍と西軍による戦が始まり、中立的な立場にあったあなたという大名は、双方から勧誘を受ける。どちらが有利かその情勢は五分五分。勝敗の行方は、神のみぞ知る。
　この状況で、あなたは東軍、西軍のどちらにつくでしょうか。また、それを決める理由はどんなものでしょうか。待遇でしょうか。気の知れた仲間の存在でしょうか。
　そんなことよりもはるかに大事なことは、**「どちらの大将に人生を賭けるか」**です。
　2016年に放映された大河ドラマ『真田丸』は、そん

あなたの志望企業の社長はどんな人？

な状況下を生きた真田幸村という人物を描いたドラマです。

　真田幸村の選択は、忠誠を誓った豊臣家が属していた西軍で終始一貫していました。

　東軍から好待遇を提示され勧誘を受けても、西軍の形勢が不利になっても、一切折れることなく初志を貫いたのです。そして最後は死んでゆくのですが、その死にざまが実に潔いのです。

　悔いのない人生とは。悔いのない就活とは。その大きなヒントが、この主人公の生きざまにあります。

　実は私自身も、10年前に勤めていた会社の倒産を経験しています。その会社には倒産まで在籍していましたが、私はその会社の当時の社長を尊敬し、会社と心中する覚悟でいました。今もその判断に悔いはなく、この会社には感謝しかありません。

　結果的に会社は倒産しましたが、あのときの経験があり、10年後の私は今、こうして幸せに生きています。信じること、そして常に前向きであることが何より大事なのだと思います。

Ukaru MENSETSU
Ochiru MENSETSU

面接の基本テクニックを身につける

第5章

面接官の印象を良いものにするにはコツがあります。この章では、あなたの魅力を最大限に発揮するための「9つのテクニック」をご紹介します。

26 アイコンタクトには適切なタイミングがある

　面接の場においてほぼすべての就活生はアイコンタクトで間違いを犯しています。アイコンタクトにおける注意点は、面接官が1人の場合と複数の場合で異なります。

　面接官が複数の場合、よくあるのが、正面にいる若くて優しそうな面接官がほとんどの質問を担当し、その隣の少し怖い顔をした年配の面接官は黙って聞いているという状況です。このとき、正面の面接官にばかり視線を送って、隣の面接官は見ない人がいます。

　ところがこのような場合、実は**黙っている面接官のほうが「偉い人」であることが多い**のです。あなたから視線をもらえなかった面接官は、あなたとのアイコンタクトによる気持ちの交流が成立しないまま、あなたが部屋を出た直後、質問を担当していた若い面接官より強い権限で、不合格をジャッジするのです。

　次に**面接官が1人の場合**。このときに注意しなけれ

ばいけないのは、「見すぎ」です。

　正しいアイコンタクトは、**「相手を見る」と「視線を そらす」を適切なタイミングで繰り返す**ことです。自分 が考えを整理しているときにやや視線をそらし、話が整 理できて発言するタイミングで相手をしっかりと見る、 が正解です。

　面接官が複数であれ、１人であれ、双方のケースで共 通するアイコンタクトのポイントは、**語尾で相手の目を 見ること**です。自分の話が相手に聞いてもらえているの か、理解されているのか、納得・同意・共感されている のか、その発言の最終確認を、相手の目を見てしっかり と行うことが重要です。

　会話はキャッチボールです。自分の投げたセリフを相 手が受け取ったかどうか確認しなければ、ただセリフと いう球を投げつけているだけ。それはキャッチボールで はありません。

「コミュニケーション能力に重要な欠落事項がないか」 は面接における最重要評価項目の１つです。

　これほど通信環境が発達した時代でも、面接を電話や チャットで行わず、対面で行うのはなぜか。それは、あ なたのアイコンタクト力を確認したいからなのです。

27 話の構成は結論、もしくは目次を先に

　面接官は、多いときで1日数十人の応募者と面接します。当然、膨大な量の情報に接することになります。

　たくさんの情報を浴びながら、なお、次々に人の話を聞いていると、どんな精神状態になるか。

　「背景や理由はいいから、結論を教えてくれ」という心境になってきます。

　「とにかく早く結論を！」と思っている面接官に、**長々と結論が見えない自分語りをするのは、「自分を落としてくれ」と言っているようなもの**です。

　面接官がストレスを感じない伝え方、すなわち結論を先に話すことが重要です。

　ただ、込み入った内容を伝える場合は、結論を一言で言い切れないこともあります。そんなときのコツは、面接官に**まず「目次」を伝えることです。**

　「私が○○と考える理由は2つあります。1つは△△、もう1つは□□です」。これが目次です。

目次を先に知ることで、聞き手は不思議と話を最後まで聞いてみたくなります。その結論に至った背景を知りたくなるのです。

　目次は、基本２つにとどめましょう。多くても３つまで。よく「３つにまとめなさい」と言われますが、口頭の場合、聞き手は３つでも情報量が多いと感じます。
　面接が上手な人は、２つにとどめているケースが少なくありません。

　事例をご紹介しましょう。
　「私の企業選びのこだわりは２つあります。１つは自己成長ができるかどうか。もう１つは、その企業の社風です」と先に目次を紹介し、その後に、「１つ目の自己成長について……」とその内容について説明をするのが正解です。
　悪い例は、１つ目の目次と内容を述べた後に、２つ目の目次を登場させることです。
　この構成は、その話がどこまで続くのか、３つ目、４つ目があるのかないのかわからないので、聞き手（面接官）をとても疲れさせます。最悪の場合、面接官に嫌悪感さえ抱かせてしまいます。
　内容だけでなく、話の構成にも気を配りましょう。

28 読点過多の話し方に注意する

A「私は商社を志望しているのですが、その理由は……」

B「私は商社を志望しております。その理由は……」

この違いは意外に重要です。面接では、Aが×で、Bが○です。読点「、」の数は、相手に与える印象に大きく影響します。

読点「、」の多い話は、聞き苦しい、知性を感じない、内容がよくわからない、という印象を面接官に与えてしまいます。

一方、**句点「。」が適切に入っている話は、聞き取りやすく、知性的に感じられ、とてもわかりやすい**印象を与えます。

その違いを最も出すべきところは、話の冒頭です。Aの入り方をすると、その後も読点「、」が多い話をしやすくなります。

また、句読点ごとに適切な間を入れて話すようにしま

しょう。それだけで、聞き取りやすく、わかりやすい話になります。

　では、句点「。」は1つの話にいくつ入れればいいのか。答えは、**「できるだけたくさん」**です。

　面接で1つの質問に答える時間は30秒ほど。これくらいの長さなら、句点が多くても違和感はありません。

　これは**エントリーシートや履歴書にも応用できます。**ある程度文章を書いたら、全体を見返して、もっと句点「。」を入れられる箇所がないかを確認しましょう。

　友人や家族とリラックスして会話をするとき、多くの人はつい読点「、」だらけの話し方になりがちで、それがクセとなり、体に染みついています。

　ですから、普段、親しい人と何気ない会話をするときから、句点「。」をたくさん入れるように心がけましょう。それだけでも、あなたの読点過多のクセは修正されていくことでしょう。

　私の見るところ、読点過多のクセがある学生は、全体の半数を超えています。会話に自信がない人は、日常会話で読点「、」をできるだけ減らし、句点「。」を増やすことを意識しましょう。

29 数字を入れて具体性をもたせる

　9割以上の就活生は、面接で話す内容がとにかく抽象的です。したがって、話に具体性をもたせるだけで、他の就活生よりも優秀な印象を強く与えることができます。

「将来できるだけ上のポジションに就いて多くの人から信頼されるようなビジネスパーソンになりたいです」
　9割以上の学生はこのようなことを言います。
　一方、1割の優秀な学生は、「20年後に役員となり、○○○の達成に自分の影響力をもって貢献したいです」と話します。
　両者の違いは何か。それは、**「年数の具体性」**と**「ポジションの具体性」**です。ポジションについては、必ずしも「経営者」である必要はありません。「私は10年で、営業のスペシャリストになります」でも構いません。
　ただし、**年数は5の倍数で断定する**ことが基本です。「13年後」というような中途半端な数値は、面接官に変な違和感を抱かせてしまいます。また、数字を出したと

しても、「20年くらいで」というような抽象的な表現は、言葉の力と信頼性を大きく低下させてしまいます。

具体性は、「やり切る力」の評価にも直結します。
「いつかは月額だいたい100万円くらいを売り上げる営業になれるようにできるだけ努力します」という人の話を、あなたは信用できるでしょうか。
ビジネスの世界で要求されることは、覚悟をもって断言することです。「月間売上100万円を達成します」などのように、言い切れるかどうか。優秀な人材と平凡な人材の差はここにあるのです。

もう1つ。**過去のエピソードを話すとき、時期的な話も数値で具体的に表現しましょう。**
「御社に興味を抱いたのは以前行われた会社説明会で……」と話す学生がいますが、面接官は「以前っていつだ？」と思います。「昨年12月に行われた会社説明会」というように数字を入れて伝えることで、「ああ、あのときの」と聞き手は腹に落ちるのです。

数字は聞き手と話し手の認識を確実に一致させる人類最強のコミュニケーションツールです。話の中に積極的に入れるようにしましょう。

30 1つの質問に30秒の回答がベストな時間配分

1つの質問に対する回答は、基本的には30秒前後に収めるのが良いでしょう。

45秒を超えると要点がわかりにくくなりますし、話の前半を面接官が忘れ始めます。一方、15秒では情報不足で評価のための十分な材料がとれません。**要点をつかみつつ、評価の材料もとれる長さは30秒前後**なのです。

就活では、予定されている面接時間が「20分」などという短い時間であることも珍しくありません。面接が終わったあとに面接官が評価をする時間も考えると、20分面接の場合、実質15分で終えなければなりません。

面接を15分に収めるとなると、質問と回答の往復は7往復前後が限度です。この場合、面接官は、7つ前後の質問を用意しています。

そのような状況下、1つの質問に対し3分、4分、5分も話されてしまうと、面接の全体構成が崩壊してしまうのです。**予定された質問を時間内に消化できなければ、**

そもそも評価ができません。

　もちろん、面接時間が 30 分以上という場合もあり、1 つの回答に 30 秒以上、時間をとれることもあります。

　ですが、そのような場合でも、**結論や要点を 30 秒に収める**ようにしましょう。そして面接官の目を見て空気を読みながら、「もっと聞かせてほしい」という面接官の思いを感じることができたら、その先の話を続ければいいのです。

　例えば、「部活に所属していますか？」という質問への重要な情報の順番は、下記の通りです。

①野球部に所属していました
②主将を務めていました
③部員は約30人でした
④私はレギュラーでした
⑤ポジションは内野手でした
⑥そのチームは強豪チームでした
⑦2年次の秋季リーグで優勝に貢献しました
⑧そのときは打率3割5分という成績でした

　面接では③までで十分な場合と、面接官が⑧まで聞きたい場合があります。前者の場合は、④から⑧を訴求することは逆効果なのです。しっかり見極めましょう。

第5章　面接の基本テクニックを身につける

31 覚悟をもって本音で話す

　14ページでもお話ししたように、就活は信頼性評価です。面接では心を開き、本音で、自分の言葉で話しましょう。

　嘘や飾った言葉は、空気で見抜かれます。

　ここで注意してほしいのが、「**嘘**」と「**覚悟**」の違いです。「あなたが学生時代に頑張ったことは何ですか？」という質問に、ボランティア活動をしたこともないのに「ボランティア活動です」と答えたならば、それは嘘です。

　しかし、「うちの会社の営業は相当厳しいけれど、やり切る自信はありますか？」という質問に、内心「うわっ、厳しいのか……」とひるみつつも「自信はあります」と答えるのは、嘘ではありません。それは、「**厳しくてもやり切る覚悟を、今、固めた**」という真実です。

　その質問が、「事実」を問われているのか、「覚悟」を問われているのか、面接官の質問の意図を知ることが大切です。

また、自分を実力以上に見せようとする嘘やハッタリ
は、最も危険です。

　面接官に良く思われようとして、軽率に「営業成績で
トップをとれるように頑張ります」などと宣言しようも
のなら、「具体的にはどんな努力をしようと考えていま
すか？」と突っ込まれます。そして、「えっ……」と止
まる。

　その瞬間、内定獲得の道は絶たれます。トップをとる
ための努力の仕方もわからないのに、トップをとるため
に頑張れるはずがありません。突っ込みひとつで、嘘は
ばれてしまうのです。

　もちろん、本物の志があるならば、宣言しても構いま
せん。志があれば、具体的なプロセスまで説得力をもっ
て語れるからです。

　宣言と結果の乖離を繰り返す人は、企業においては混
乱を招くだけで有害でしかありません。

　ビジネスとはどんな現場も人と人との信用で動いてい
ます。**何事も本音で話すこと。**そして、**覚悟を決めると
きは決め、腹をくくって言い切ること。**これも、忘れて
はいけない面接対策の大切な要素です。

32 強弱、高低、速度に変化をつける

　世の中には、内容は素晴らしいけれど、聞いていて眠くなる話があります。

　信じられないかもしれませんが、面接官でさえ、面接中に学生の話を聞いていて眠くなってしまうことがあります。それは、内容に原因があるのではなく、話し方に問題があるのです。

　眠くなってしまう話し方とは、一本調子の話し方です。
大事なのは強弱、メリハリです。具体的なポイントは次の3つです。

①重要な言葉は強く、ときとして弱く
②声の調子(高低)に変化をつける
③速度を変える

　上記の3つの他に、**重要なポイントの前後には「間」を持たせる**というテクニックも有効です。

　政治家、俳優、ラジオパーソナリティー、芸人といっ

た話のプロたちは、上記３つに「間」を含めたこの４つの技術を駆使して、聞き手の心を揺さぶっています。ぜひ参考にしてみてください。

　特に政治家の選挙演説は、面接対策を学ぶにあたって最高の教材です。

「私にはこのような戦略があります、このようなビジョンがあります、このような実績があります、このようなやる気があります」と熱弁するのが、選挙演説です。その内容はまさに、面接で伝えるべきことと同じです。

　ネット上で検索すると、動画は無数にあるので、一度見ておくといいでしょう。

　強弱、高低、速度というテクニックを上手に使うコツは、**一見ネガティブと思われる「弱」「小」「遅」を大胆に取り入れること**です。

　面接では自分をアピールしたいがために、どうしてもその話し方は「強」「大」「速」に偏ってしまいがちです。それでは結果的に、一定の強さ・一定の大きさ・一定のスピードとなり、「つまらない話」になってしまいます。

　ときに、**あえて弱く、あえてゆっくり、あえて小さい声**で話す。その勇気が、あなたの話に大きなインパクトをもたらします。

第**5**章　面接の基本テクニックを身につける

81

33 最も重要なのは「熱」があるかどうか

　ここまで面接のテクニカルな対策をいろいろとご紹介してきましたが、それらを一度に全部身につけて実践するのは難しいかもしれません。

　しかし、これだけは押さえてほしいということがあります。それは、**「熱」を伝えること**です。

　心の底からの思いを、熱を込めて表現さえできれば、極端な話、その他のテクニックは欠落しても大丈夫です。

　一方、ここまで紹介したテクニックを駆使することができても、あなたの話が熱を帯びていなければアウトです。

　熱がないからといって、その場でなんとかしようとしても、うまくいくことはありません。それがあなたの心の底からの思いなのか、叫びなのか、面接官にはわかります。

　例えば、「私は御社で20年以内に経営者となり、この業界に大きな影響力をもって貢献したいです」と伝え

る場合。これを、熱をもって面接官に伝えるためには、**あなた自身が本当に、心の底からそう思っていなければいけません。**

　あなたはその企業で本当に経営者になりたいのでしょうか。そのための努力はもう始めているのでしょうか。

　本気でそう思っている人は、入社してから頑張るのではなく、使える手段を目いっぱい使い、すでにその努力を始めているものです。

　それほどの「熱」が必要なのです。

「面接だから」と、行儀良くかしこまる必要はありません。あなたのその企業への熱を全力で伝えましょう。「この仕事がしたい！」「御社に入りたい！」「私に仕事をするチャンスをください！」という熱が、あなたの「本気度」を伝えてくれます。

「そんな強い気持ちなんてない……」というあなたは、第1章でお伝えした「覚悟」と「志」がまだないと言えます。まずは、就活をするうえで最も大切なこの2つをもてるように自分と向き合いましょう。

　熱によって伝わる本気度は、面接官に「この人と一緒に仕事がしたい」と思わせます。

34 話すべき量の10倍用意して9割捨てる

「自分のもっている力の10分の1を発揮すればいい」という場面で緊張する人はそういません。

緊張するのは、「自分の力を100%発揮しなければいけない」という場面です。

面接も一緒で、30秒で答えなくてはならない場面で、30秒の答えを用意し、「これを間違えずに100%伝えなければ」と思うから緊張するのです。

また、30秒分だけを準備することは、1つでも忘れたら、その内容は薄いものになってしまうという欠点もあります。

面接での緊張を最小限に抑えるためには、**「30秒の受け答え」のバックボーンとして、「5分前後は余裕で話せる量」を用意しておく**のが良いでしょう。

ビジネスで成功する人の多くは、自分の仕事や夢について話し出したら止まりません。3時間でも4時間でも平気で語り続けることができます。そしてそんな彼らが

話す、短くまとめられたスピーチはというと、とても面白いものです。彼らがもつ無限の引き出しから、えりすぐりの話が放たれるからです。

あなたは、面接で聞かれる質問に、何時間語っても語りつくせないようなバックボーンをもっているでしょうか。**どんなに頑張っても30秒ほどしか話せないレベルで、面接官の心に響く、最高の「30秒の受け答え」ができるはずがありません。**

まずは、話すべき時間の10倍の時間で話せる量を用意し、自分のベースを固めましょう。そしてそのうえで、

話すべき量の10倍、用意しておこう！

9割を捨てて1割を残すのです。

　すると自然に、あなたが話す「30秒の受け答え」は、ブラッシュアップされていきます。

　また、面接官にちょっと突っ込まれても、引き出しの中にはまだ使っていない9割の材料がありますから、簡単に対応することができます。

　いくらでも話せる内容があることで、緊張せずに堂々と話すこともできます。

　話すべき時間の10倍の量を用意しておくと、緊張する必要がなくなり、中身の濃い内容を話すことができるようになるのです。

Ukaru MENSETSU
Ochiru MENSETSU

第1章
第2章
第3章
第4章
第5章
第**6**章
第7章
第8章
第9章
第10章

面接の種目別攻略法を学ぶ

「グループ面接」「グループディスカッション」「人事部相手の個人面接」「役員相手の個人面接」。この章では、面接ごとの重要ポイントを確認しておきましょう。

35 グループ面接はインパクト勝負

　グループ面接は、採用活動の初期段階で行われることがほとんどです。この形式の面接は、**合格者を決めるというよりも落とす人を決める**という側面を持ちます。また、**相対評価の趣が特に強い**こともこの面接の特徴です。

　まず大切なことは、そこにいるライバルに相対的に勝ち、**1位で突破するという意識をもつこと**です。
　一緒に面接を受ける応募者をしっかり観察し、そのグループの中でトップの笑顔、トップの声の大きさ、トップの立ち居振る舞いを面接官に見せつけましょう。

　グループ面接で注意すべきは、「玉突き事故」です。
　緊張のあまり、グループ面接では「先に話した人、隣の人を参考にしよう」という意識が働きます。すると、例えば最初に話した人の声が小さかった場合、2番目に話した人も、3番目に話した人も、その後の人も、みんな声が小さくなることがあるのです。

こうなってしまうと、全員不採用の危機です。これは面接の現場では珍しくなく、よく起こる事例です。声の大きさや話の長さは、先に話した人に惑わされず、この本で学んだ、自分が信じたやり方を貫いてください。

もう１つの注意点は、**「自分が話しているときだけが評価されるときではない」**という点です。隣の人の話を聞いているか、あるいは聞かずに次に順番がきたときのために自分の話を考えているか。そこを見られます。

優秀な人材は、人間に関心をもつという性質があります。それが表れるのが、グループ面接において他の人が話をしている時間なのです。

他人の話に無関心な姿勢は、面接官サイドから見るととても目立ちます。自分が話す番がきたとき、すでに落ちることが決まっているということも十分に起こり得るのです。

とはいえ、隣の人を見るとか、うなずくといった安易なテクニックで解決しようとしないこと。

隣の人の話を本当に、興味をもって聞いていればいいのです。それだけで、あなたが他人に関心をもっている人だということが、意図しなくても一挙手一投足に表れ、自然と面接官に伝わります。

36 グループディスカッションは司会が圧勝する

　グループ面接、グループディスカッションに共通する**大原則は1位狙い**です。ライバルの顔が見えるため、1位はポイントを押さえれば誰でも狙えます。1位狙いを放棄する理由はありません。

　グループディスカッションは、司会が圧勝する確率が極めて高い選考です。司会が1位にならないケースは、司会を務めた人が極度に空気を読めず、全体の議論を散らかしてしまった場合だけです。また、書記やタイムキーパーといった別の役割は発言が少なく、存在感が薄れやすい仕事です。司会という大役を抑えて1位にはなりにくいため、おすすめしません。

　実際の手順をご紹介します。グループディスカッションが始まったら、「それでは人事の方からいただいたテーマについてみんなで意見交換をしていきましょう。早速ですが、○○さん（指名する相手は誰でも良い）、何か

ご意見はありますか？」と切り出せばいいのです。そしてその発言に声を出して相槌（あいづち）を打ち、感想を述べたうえで次の人を指名する。これを繰り返し、最後にみんなの意見をまとめて締めくくればOKです。

司会の役割は、「指名」「質問」「相槌」「感想」の４つ。回答や意見を言う必要はありません。

それはバラエティ番組のMCを観察するとよくわかります。MCは指名、質問、相槌、感想を中心に行っていること、また、**司会は２人いても成立する**ことがわかるはずです。もし司会を他の人にとられてしまったとしても、もう１人の司会者になれば問題ありません。

「司会力」の価値は、グループディスカッション必勝法にとどまるものではありません。入社後には、出世のための最強の武器にもなります。ビジネスの世界で出世する人とは、「会議を仕切ることができる人」です。

現在、私は代表取締役として社員の出世を決める全権をもっています。この立場になって、会議を仕切れない人は管理職にはなれないことがわかりました。

グループディスカッションは、一見奇抜な選考方法に見えますが、実は仕事力を測る選考として実に理にかなっています。そのカギは**会議を仕切る力**にあるのです。

37 人事部相手の個人面接は客観面接である

　人事部員が行う1次の個人面接は、人事の世界では「客観面接」と言います。客観面接とは、面接官の個人的な感情や好き嫌いを結果に反映しない面接です。

　企業の求める人材像に即した採用基準があり、面接官はそれをもとに、あらかじめ用意された台本通りの質問をします。しっかりと記録もとります。そして、その記録を他の人事部員に見せて評価の理由を説明できるようにします。これが、客観面接です。

　面接官は極力、主観を排除して淡々と面接していきます。この面接では、あなたの保有能力、戦力性も問われます。

　そのため、**客観面接では、自分が企業の求める人材像に即した人物であることを伝えなくてはなりません。**

　では、その企業が求めるのは、どんな人材でしょうか。

　それは、プロ野球のスカウトが何に重きを置いて選手を探しているかを想像すると見えてきます。プロ野球の

球団が新しく入団する選手の将来に最低限要求することは、例外なく、「1軍でレギュラーを勝ち取ること」です。極論すれば、それを果たせなかった選手の採用はすべて失敗です。

　企業においても「1軍のレギュラー」のようなポジションがあります。

　例えば、私が勤めていた上場小売業の例では、それは「店長」と「バイヤー」でした。職位としては課長クラスです。管理職とも表現できます。この企業の場合、30歳でそのポジションに就けていれば、その人材の採用は成功と言えました。

　皆さんが目指す企業の1軍のレギュラーとは、何歳でどのポジションにある人を言うのでしょうか。それは企業によりさまざまです。わからなければ会社説明会などで人事のスタッフに質問してもいいでしょう。

　就活生の少なくとも過半数は、自分が目指す企業の1軍のレギュラーが、何歳でどのような状態にあることなのかを知りません。それでは、満足のいく就活は叶いません。

　仮に入社したとしても、早期退職のリスクが高くなります。そしてそのことは、客観面接では不合格の理由にもなるのです。

38 役員相手の個人面接は主観面接である

役員面接を受けた人が異口同音に言うセリフがあります。それは、「なぜ受かったのかわからない」「なぜ落ちたのかわからない」です。

役員面接は、人事の世界では「主観面接」と言います。客観面接とは違い、**面接官の感情や好き嫌いをそのまま反映させてしまう面接**です。そのため、面接の手応えと合否結果の因果関係を特定しにくいのです。

このように、一見、つかみどころのない役員面接ですが、必勝のためのポイントはあります。

役員面接で問われるのは、戦力性より同化性。つまり、**「あなたが我が社と、同じ志をもって働く同志になれるかどうか」**ということです。

そのため、「役員の価値観をあらかじめ理解すること」、そのうえで「その価値観に共感を示すこと」が役員面接必勝法です。

役員の価値観は、次の２つに集約されます。

①**仕事に生きる人生が美しい**
　役員の多くは、好きで仕事漬けの毎日を送っています。そのため、ワークライフバランスの考え方に、本音では共感していない人が多いのです。「休みたい」「転勤したくない」「残業は絶対にしたくない」「福利厚生を重んじている」といった発言は、不合格に直結しやすいので注意が必要です。
　また、仕事に対する志が低い学生も好かれません。

②創業者や社長に深く共感している

　役員はその企業の創業者や社長に対し、特に強く共感している人たちです。仕事においてトップと心中する覚悟さえあります。そんな彼らの共感を勝ち取るためには、あなたもその企業のトップに対し、深い理解と共感を持つべきです。創業者研究、社長研究を怠らないようにしましょう。

日本における新卒採用の本質は、同志採用です。

　私自身、創業経営者となった今、同志採用の価値を身に染みて感じています。私の会社はＩＴ企業でもありますが、パソコンスキルが高くて同化性のない人より、パソコンはまるでダメだけれど、同化性が高い人を評価しています。そして実際に、その点を重視して採用しています。

　会社とベクトルの異なる人はスキルが高いほど、むしろ経営の足を引っ張ってしまうことが少なくありません。

　多くの役員は、このことを知っています。そのため、役員面接では、同じ志をもって働く同志になれることをしっかり伝えましょう。

Ukaru MENSETSU
Ochiru MENSETSU

企業が求める人材像を捉える

面接では、自分が「その企業が求める人材像」とピッタリな人材であることをアピールする必要があります。この章では、企業はどんな人材を求めるのかを、お話しします。

第7章

39 「理不尽」を飲み込む度量はあるか

ビジネスとは厳しいもので、そこには理不尽が満ちあふれています。

- **努力に比例するとは限らない業績**
- **意にそぐわない評価**
- **お客さまからの、いわれのないクレーム**
- **徹夜で作成した資料が、上司の一声でボツ**
- **相性の悪い上司とのめぐり会い**
- **朝令暮改(朝と夕方で指示が変わる)**
  などなど。

「なぜ自分ばかりこんな目に遭うんだ……」と嘆きたくなることがしばしば起こります。しかし、そこで理不尽さにキレてしまう人は、それ以上伸びません。**理不尽と言えども、他人に責任転嫁する人は成長しない**のです。

いわゆる体育会系の出身者は、総じて企業の評価が高

い傾向にあります。それを証明するのが、体育会系の就職支援会社が古くから次々と誕生し、それぞれが一定の成功を収めていることです。体育会系出身の人材に、企業の評価とニーズがあるということがわかります。

企業に好まれる体育会系の価値の本質とは何か。それは「理不尽耐久力」です。

一例を挙げましょう。私は中学時代に野球部に在籍していました。そこには4つの理不尽が存在していました。

- 先輩は神様
- 坊主頭強制
- 明確とは言えないレギュラーと補欠の基準
- 自分は4打数4安打、でもチームは敗退

まさに、「理不尽耐久力養成機関」だと思います。
「理不尽耐久力」が高い人は、成長しやすい人材です。

これは、先にも述べた上場小売業勤務時代に野球部をつくったときにも感じました。企業の野球部ではありましたが、明らかに気質は体育会系でした。そして実際に、野球部員の出世が明らかに他の人より早く、皆、どんどん管理職になっていったのです。

「理不尽耐久力」をもつ人材こそ、企業がのどから手が出るほどほしい人材なのです。

40 企業は新卒に「即戦力性」を求めない

　学歴不問、学校不問、成績不問という採用の広告を出している企業は、何年も前から存在していて、珍しいものではありません。

　新卒採用ではほとんどの場合、「即戦力」を求めていません。実際のところ学生時代に学んだことを重視するのは、医学・歯学・建築学・薬学など、職業に直結するハードな勉強をした理系のごく一部の人に対してだけです。

　今では大学4年に突入する前の2月や3月に内定を出してしまう企業も珍しくありません。こうしたケースでは、**3年次、4年次の成績に目もくれず内定を出している**ということがわかります。これは、注目すべき事実です。

　では、即戦力性のない新卒は、どのように企業の戦力となるのでしょうか。それは、働いた時間の蓄積です。

　入社後の半年は企業の利益創出に貢献できず、企業はあなたに投資している状態です。しかし入社後の労働時

間が累計 1,000 時間超過時点（おおむね半年）にもなると、利益創出に貢献し始めます。そして**累計 1 万時間（おおむね 5 年）を経過すると、「プロ」と言えるような力が身につきます。**

「1 万時間の経験で一人前」というのは、スポーツや楽器演奏などの世界でも言われていることですが、私の経験上の実感値でもあります。

　私の社会人としての経験値は、スーパーの店員が約 6 年、人事が約 14 年、経営者が約 10 年です。

　いずれも 6 年を超えています。今でも店長をやれる自信がありますし、人事部長をやれる自信もあります。そんな手応えはいずれも、5 年目くらいに感じました。経営者として自信がついたのも、5 年を経過した頃でした。

　もちろん、ただ 5 年が経過するのを待つだけではダメで、その道の一人前になるという強い気持ちで、目の前の仕事に一生懸命取り組まなくてはなりません。

　企業は新卒採用において即戦力性を求めませんが、将来的にあなたがその道の「プロ」になることを望んでいると覚えておきましょう。

41 リーダーシップの価値

　新卒の就活にあたっては、即戦力性は大きく要求されませんが、そんな**新卒でももっていると高く評価される資質**があります。それが、**「リーダーシップ」**です。

　リーダーシップとは「あなたについていきたいと思われる状態をつくる力」。つまり、**人の心をつかむ力**のことです。リーダーシップをもっている学生は、内定を次々と、しかも楽に獲得します。その理由は、次の3点です。

①リーダーシップはほぼすべての職業に必要である
②リーダーシップは学校教育では学べない
③リーダーシップは入社後の社員教育でも学べない

　リーダーシップとは、子どもの頃にすでに表れるものです。具体的には「この指とまれ」と、どれほど遊びを提案する場数を踏んだかで決まると言っていいでしょう。「缶蹴りやる人、この指とまれ」と提案する人か、指に

とまる人か。それがそのまま、未来の「リーダー」と「フォロワー」になります。

　先頭に立って提案するには、エネルギーがいります。

　その分、どうすれば人の心をつかめるかを経験的によくわかっています。

「大きい声を出さないと、人は集まらないんだな」
「わかりやすい提案をしないと、人は集まらないんだな」
「自分が自己犠牲を払うことで人がついてくるんだな」

　この「声の大きさ」「提案のわかりやすさ」「自己犠牲」の大切さが、体験を通じて身につくのがリーダーシップです。リーダーシップは、幼稚園児がもっていたり、東大生がもっていなかったりと、不思議な力です。
　リーダーシップは、仕事力に直結する強大な力です。

　リーダーシップの経験や自信がある方は、それは就活における最高の武器になります。自信をもって存分にアピールしましょう。

「自分はリーダーシップがないんだよな……」と不安になった人も、今からでも遅くはありません。飲み会の幹事や日常における「言い出しっぺ」を数多く買って出ましょう。場数を踏んでリーダーシップを磨いていくことは今からでも十分可能です。

第**7**章　企業が求める人材像を捉える

103

42 企業の利益に貢献する2種類の人材とは

企業に必要な人材は、次の2つに大別されます。

①報告・連絡・相談が甘く、1人で好き勝手に仕事を進めてしまうけれど、必ず結果を出す人
②自分で企画をしたり、仕事をつくったりすることは苦手でなかなか結果を出せないけれど、報告・連絡・相談は完璧な人

両方の長所をもち合わせていればなかなかの逸材です。それこそ、役員予備軍です。
一方、報告・連絡・相談ができず、さらに結果も出せない人は、ビジネスパーソンとしてやっていくことはできないでしょう。

あなたが得意な働き方は、①でしょうか、それとも②でしょうか。**ここで大切なのは、2つの働き方のどちらを選ぶのかを、自分自身で決めるということです。**

自分自身にどのような特性があり、社会に出て生き抜くために、その特性をどのように活かすか。これは企業が決めることではなく、あなたが自分で決めることです。

　「組織や上司なんて面倒くさいけれど、結果だけは絶対に出します」という働き方は、決して間違っていません。しかし、結果が出なかったときに孤立する覚悟も背負わなければいけません。

　「結果を出す自信はないけれど、上司への報告・連絡・相談はしっかりやります」という働き方も、決して間違ってはいません。指揮官の意図通り動く人も、チームには必要だからです。しかし、ありとあらゆることが自分の意思で決められなくなるおそれがあります。

　企業にはどちらのタイプの人も必要です。
　ですが、あなたがどちらのタイプか明確でない場合、企業はあなたを戦力として計算することができません。これも不採用の理由になります。
　面接では、自分がどちらの特性をもっているかをきちんとアピールする必要があるのです。

43 豊臣秀吉か大工さんか

 突然ですが、質問です。
「大阪城をつくった人は誰でしょうか？」

 これを歴史クイズと捉えるならば、答えは「豊臣秀吉」です。一方、ちょっと意地悪ななぞなぞだと考えると、その答えは「大工さん」になるでしょう。
 豊臣秀吉も大工さんも、大阪城をつくった人であることに間違いはありません。どちらも、社会の役に立つ立派な仕事をしました。
 しかしその仕事内容には、大きな違いがあります。

 大工さんは、例えば午前9時から午後6時まで、集中して働かなければいけません。仕事中に少し休んでいただけで、「何休んでるんだ！」と怒鳴られたりもします。しかし、午後6時にはきっちり帰れます。午後6時以降はもう、仕事のことは忘れてお酒を飲んでも、遊んでもいいのです。

一方の**豊臣秀吉の仕事は、午前９時から午後６時の間に息抜きしようが遊ぼうが自由です。ですが、「午後６時で仕事が終わり」というような、時間で仕事を区切るという概念がありません。**常に今後の仕事の構想を練り、高いレベルの戦略を考え、理論武装しておく必要があります。そのために、いつもさまざまなレベルの情報収集や読書、自己啓発が必須です。

多くの学生は、「大阪城をつくることに貢献したい」というような聞こえのいい言い方をしますが、その事業に豊臣秀吉として貢献したいのか、大工さんとして貢献したいのかは未定であり、不明です。

なぜか。そこには「いいとこどり」をしたいという思いがあるからです。「息抜きＮＧの、誰がやっても同じような作業はやりたくない」「企画がやりたい」「研究がしたい」「創造的な仕事に就きたい」。その一方で、「午後６時に帰りたい」「オフは仕事のことを忘れたい」「勉強はしたくない」。

「いいとこどり」タイプの人材は、企業にとって最も敬遠されます。あなたは「豊臣秀吉」になりたいのか、「大工さん」になりたいのか、どちらの働き方を選びますか。

２択です。覚悟をもって決めましょう。

44 優秀な人材は自己成長にこだわって企業を探す

　優秀な人材ほど、「自己成長」に強くこだわって企業選びをします。ここで気をつけたいのは、自己成長のレベルです。

　優秀な人材がこだわる自己成長は、「研修が充実した企業で学びたい」などというレベルではありません。「研修で仕事のイロハを教えてほしい」というのは、不安を抱え、依存心の強い人が言うことです。
　もちろん、研修は決して無駄なことではありません。ですが、それはあくまでも人材育成の補助的な手段にすぎません。

　優秀な人材が目指す自己成長とは、はるかにレベルの高いものです。彼らは、成長できる企業の本質をよく理解しています。**高速で自己成長できる企業とは、「より若い年齢のときに、より多くの予算と責任と部下をもつことができる企業」**だと。

本当の自己成長とは、自分を積極的に、過酷な状況に置くことで得られるものなのです。

　面接で、「自己成長できる企業を選びたいと考えています」というセリフが、プラスの評価になるか、マイナスの評価になるか。その違いは、**どんな「自己成長」ができる環境を望んでいるか**にあります。
　自己成長にこだわる優秀な人材が面接でよく使う単語は「考えた」という言葉です。

「こう考えたから、この業界を選んだ」
「こう考えたから、この職種を選んだ」
「こう考えたから、この会社を選んだ」

　自己成長戦略とは、あなたの未来戦略です。
　未来は、**「考える」**ことからその可能性が開かれていきます。そしてその思考の深さは、あなたの**志の明確さ、高さ、強さ**で決まります。
　頭で考えることは、就活において重要かつ不可欠な作業なのです。

45 上場企業役員による面接合格者の評価理由例

　ある上場企業の役員面接における、合格者と不合格者に対するそれぞれの評価コメントの実例をご紹介しましょう。

　その企業では、年間約350人の学生が最終面接に至り、そのうち約85％が内定、約15％が不採用となっていました。

　そしてその350人の最終面接はほとんど、1人の取締役人事部長が担当していました。

　その人事部長は、すべての合格者の面接評定表に、次のコメントを記入していました。
「この学生は、**仕事に対する取り組み姿勢が前向きで、積極的**と思われる。よって採用とする」

　一方、不合格者の面接評定表には、次のように記入していました。
「この学生は、**仕事に対する取り組み姿勢が甘いと思わ**

れる。よって不採用とする」

　いかがでしょう。極論すれば、「能力は関係ない。大事なことはやる気と覚悟だ」ということを、このコメントは教えてくれています。
　ちなみに、この人事部長はその後、この企業の社長に昇進しています。創業者ではありません。この最終面接評価のコメントは、何万人もの社員の出世競争で頂点にたどり着いた、仕事の達人の示唆に富む金言なのです。

　企業があなたに何を求めるか。それは、この人事部長の評価コメントに集約されていると言えます。
「この人は仕事をしそう」と思わせたら勝ちなのです。
　ここで重要なことは、「仕事ができそう」との違いです。いかに優れた能力をもっていても、働く意欲がなければ、その人は企業にとって何の価値もありません。

　大事なことは、「働く覚悟」です。
　その覚悟こそが、あなたを内定へと導きます。

46 幹部候補生は×、スター候補生が○

　企業の募集要項に、「幹部候補生募集」という言葉が記載されているのを見たことがあると思います。

　私は、この言葉が就活の本質をわかりにくくしているのではないかと考えています。

　例えば、採用した人材が一度、幹部に昇進したとします。しかし、結局その役職を担うには力が足りず、即、降格候補になったとすると、この人の採用は、企業の戦略の担い手としては成功したとは言えません。

　企業が本当にほしいのは、幹部に昇進後、さらに活躍する社員です。それはその企業における「スター社員」です。

　つまり厳密には、企業が募集しているのは「幹部候補生」ではなく、「スター候補生」ということになります。幹部に昇進して、そこで満足する人材は不要なのです。

さて、ここで重要になってくるのが、応募するあなたが**「その企業（業界）では、何歳でどのような状態にあることがスター社員なのか」**を知ることです。

92ページですでに、何歳でどのような状態にあることが1軍のレギュラーであるかを知ることが重要だと述べました。スター社員に関しても同じです。

まずは1軍のレギュラーになった後、スター社員となる道が待っています。

多くの就活生を見てきましたが、8割以上の就活生は、「入社すること」がゴール……、いや、さらに厳しく言えば、

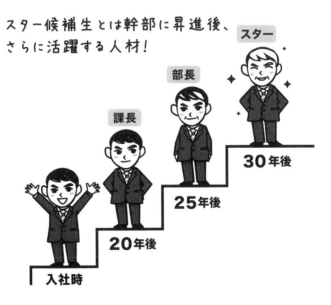

スター候補生とは幹部に昇進後、さらに活躍する人材！

「1日も早く就活を終わらせて、残りの学生生活を満喫すること」がゴールだと考えています。

この考えは、面接の場でもはっきりと表れます。平凡な就活生の面接における訴求ポイントは、「御社に入りたい」です。

一方、優秀な就活生は面接で、「仕事がしたい（○歳で△△のポジションに就き、□□がしたい）」と熱弁します。

そこに入ることがゴールという考えは、高校受験、大学受験で染みついたものです。かくいう私も、学生の時分はそうだったのでよくわかります。

ですが、現在の経営者の立場から言うと、入ることがゴールという応募者は絶対にお断りです。採ってはならない人材の最たるものだと考えています。

「この人は実は我が社に入りたいだけではないのか」という点は、企業が面接で見抜きたい応募者の本音の、最重要ポイントです。

企業がほしい人材はスター候補生であることを、しっかり知っておきましょう。

Ukaru MENSETSU
Ochiru MENSETSU

しくじり就活とさよならする

就活では、毎年、多くの学生が陥る「しくじりポイント」が存在します。就活に潜むしくじりにはどんなものがあるのかを知っておきましょう。

第8章

47 夢なき大人からのアドバイスは聞くな

　夢を追っている人は、未来を語ります。
　夢なき人は、過去を語ります。
　未来を問う新卒採用において、過去を語りたがる、夢のない大人からのアドバイスはしばしば有害です。
　自己分析をしなさい、自己PRを磨きなさいと過去に焦点を当ててアドバイスをする先輩や大人には、こう聞き返してみてください。
「あなたの夢は何ですか？」
　間違いなく、まともな回答は返ってこないでしょう。

　就活市場全体を見渡してみると、夢をもたない大人のアドバイスが就活生の可能性を奪っていることが、多々あります。この問題の非常に厄介なところはそうした大人がキャリアセンターに多いことです。

　ズバリ申し上げましょう。全大学のキャリアセンターがしっかりしていたら、私たちのような就職情報会社は

世の中に必要とされません。なぜこんなにも多くの就職情報会社が次々と誕生し、繁栄しているのか。その理由は、明らかです。

　就職情報会社は、キャリアセンターに欠けているものを見つけて、ビジネスチャンスにしています。キャリアセンターのアドバイスでは就活が上手くいかない就活生を救済したいという思いで、さまざまなサービスを開発しているのです。

　当社の面接力養成就活講座は、3時間の講義の受講料が3,000円です。この講座に、毎年2,000人もの就活生が参加するのはなぜか。それは就活生がキャリアセンターを信頼していない、あるいはそのサービスに満足をしていないからに他なりません。

**　企業の会社説明会でも夢なき大人の話には、注意が必要です。**

　まあまあ大きく立派な上場企業でも、成長への挑戦を放棄して守りに入っている企業はたくさんあります。

　そのような企業は、会社説明会での話題が過去に偏る傾向にあります。「我が社は創業○年で……」などのような過去の話と、現状の制度や業績のPRが説明会の中心となります。

　会社説明会に未来の話が出てこない場合、そこは若い人にチャンスの少ない場所であると言えるでしょう。

48 会社説明会を鵜呑みにするな

　テレビショッピングを見ていると、会社説明会によく似ているなと思います。

　その商品のいいところばかりがクローズアップされ、ネガティブな面は話題に出しません。ですが、見る側もそこは理解していて寛大に受け止めます。「いいことしか言ってないじゃん」という突っ込みはしません。

　会社説明会も一般的には「いい話100％」で構成されています。4社で新卒採用責任者として会社説明会を企画、運営していた立場から、今、正直に明かします。

会社説明会でわざわざ触れない自社のネガティブファクターは、主に次の4点です。

①実は若手にチャンスがあまりないこと
②実はサービス残業や休日出勤が結構あること
③実は人事が経営者を尊敬していないこと
④実は業績がかなり危ないこと

特に④に関しては、決して触れることはありません。倒産というものは、前日まで普通に営業していても、突然、それこそ当日急に確定することもあるものです。

倒産するのは業績が落ちたときではなく、金融機関や投資家が支援をやめたときです。業績が最悪で大赤字でも、金融機関などの支援があれば企業は普通に事業を続けます。ときには拡大を図ることもあります。そしてその際は、新卒採用を行います。

また、採用担当者は重いノルマを背負っています。**1人でも多くの応募者を獲得し、選考倍率をUPさせることで、難関を勝ち抜いた良い人材が採れた、という図式を成立させたい**のです。

それは、「今年は昨年以上の成果を上げます!」という会社との約束なのです。募集広告には、多くの予算が投資されます。その予算は、現場が汗水たらして稼いだ貴重なお金です。

その結果として、今日の会社説明会があります。今日参加している学生をここに呼び込むためのコストに、1人当たり2万円以上かけているケースもあります。

そのため、「いらっしゃいませ!」とあなたを笑顔で歓迎するわけです。そして、会社という商品をあなたに売り込むのです。当然、いい話しかしません。

この事実を、しっかり知っておきましょう。

49 就職ナビを信じるな

　就活生のほとんどの人が知らない優良企業は意外に多いものです。

　就職ナビサイトを見ると、目立つ場所にバナー広告が出ていたり、ひときわ大きな画像で紹介されている企業があります。実はそれらは、決して「編集部がおすすめする優良企業」ではありません。単に**「高い広告料を払っている企業」**なのです。

　私が採用担当だった時代、ある有名就職サイトには20文字のテキストを1週間掲載するだけで200万円以上かかるメニューがありました。そして、

「500人募集！　研修が充実している成長企業」

というテキスト広告を打ちました。
　その効果は、200万円でも安いと思えるほど絶大でし

た。それ以降、この広告に毎年数千万円の投資をしました。

　しかしサイトを利用する就活生からすると、クリックをする瞬間はどこの業界のどこの企業かわかりません。不人気業界の企業にはとても都合のいい広告だと言えるでしょう。

　一方、本当に優良な企業は、高い広告費を使って採用活動をする必要がありません。「知る人ぞ知る優良企業」だからこそ、**自社を見つけてくれる情報感度の高い学生を、少数精鋭で採ろうとします**。就職ナビサイトを見ても、募集要項は地味にひっそりと、目立たない場所に掲載されています。就職ナビに参画せず自社のホームページだけで募集をしていたりもします。

　アメリカの Google 社は、社員募集広告で街に難解な数式の看板を出し、その数式の意味を読み取れた人だけが募集の広告だとわかるといった、入口から厳選する採用プロセスをとっていました。ナビのテキスト広告とは真逆のアプローチです。

　では、就職ナビサイトでクローズアップされない隠れた優良企業はどうすれば発見できるのか。
　その方法は、第 10 章でご紹介します。

50

3年で3割の新卒が辞める理由その1

神様研究皆無の就職活動

　あるとき、出張先のデンマークで街中を散歩していると、レンガ造りの大きな教会がありました。中からは祈りを捧げる声やパイプオルガンの演奏、讃美歌らしきものが聞こえてきます。そのあまりにも幻想的な雰囲気に感動し、一瞬、この中に加わってお祈りをしたいという気持ちになりました。

　しかし、よく考えてみると、教会といっても、どのような宗派を信仰しているところなのか、教祖は誰なのか、そこにある教えや哲学は何なのか、それらのことを自分が全く知らないことに気づきました。すると急に気持ちが冷めてしまい、そのままその場をあとにしました。

　この話は、就活のミスマッチにありがちな図式によく似ています。

　魅力的な採用広告や会社説明会に心を奪われ、この素敵な人事担当と一緒に働きたいと思う。そして入社に至るものの、入社後にたいして共感できない社長や創業者

に幻滅して、早期に辞めていく……。

　その**企業のトップの名前、人柄、仕事観、人生観を知らずに入社することは、教祖を知らずにその宗教に仲間入りする行為と同じ**です。

　私はこれを、「神様研究皆無の就職活動」と呼んでいます。

　私が以前在籍していた社員数150人の、急成長中のそのベンチャー企業では、社長が新人も含む全社員の顔と名前、そして仕事ぶりや成長度合いまでをしっかりと把握し、給与、賞与、配属、昇進を決めていました。

　ところが社員数が200人を超えたあたりから、全社員の名前を把握することが不可能になりました。そこで、人事制度、評価制度を整備し、ミドルマネジメントの人事権を拡大させました。

　この事実から考えても、社員数200人が、社員が社長と直接つながることのできる境界線と言っていいでしょう。

　そのため、**特に社員数200人以下の企業では、社長研究が一層重要**となります。この規模の企業は社長がどのような人かで入社を決めるべきであると言っても過言ではありません。

51 | 3年で3割の新卒が辞める理由その2
競争社会への理解がない就職活動

　私と同じ昭和40年生まれの日本人は約180万人。その年代で、大卒で就職をした人は約26万人です。

　一方、現在の就活生の皆さんは、同じ年に生まれた人が約110万人。大卒で就職をする人は逆に増えていて約42万人います。

　昭和40年生まれが大卒で就職をする割合は約14％。一方、平成生まれは約38％。大卒の就職率が約24％も上昇しているのです。

　こうして数値で確認すると、想像以上に衝撃的な変化です。私の世代は皆さんのご両親の世代です。しかしご両親は、今ご紹介した変化を数値では理解されていないでしょう。そのため、「大学を出ておけば大丈夫」と思われているかもしれません。
「大卒＝幹部候補」という期待をもって就職できたのは、昭和までの話です。

私が新卒で入社した一部上場企業のスーパーマーケットチェーンには、100人の同期がいました。あれから30年。同期は半数強がすでに退職、課長以上に昇進したのは約2割、役員になれたのは、なんとたったの1人です。

　その企業を早期に辞めていく人の多くは、次のような言葉を残していきました。

「大卒だから店長になるなんて楽勝だと思っていた。ところが現場では、大卒でも店長になれない40歳が多くいる。これは大変な世界に来てしまったと感じた。40歳で店長にもなれないのでは、キャリアに格好がつかない。だから今のうちに辞める」

　私たちの世代ですらこれほど大卒の出世競争は厳しかったのです。皆さんの世代の競争は一層過酷なものとなるでしょう。

　112ページでも触れたように、「何歳でどんな状態にあることがその企業にとってのスター社員なのか」を理解したうえで、**後悔しないために、戦略的にその競争に飛び込んでいくべき**なのです。

52 3年で3割の新卒が辞める理由その3
周囲への美しい報告を重んじる就職活動

　これは何を勉強しているかより、「○○大学です」という大学の名前だけが独り歩きして「すごいね」と評価されるような、大学ブランド志向の名残でしょうか。

　多くの学生が、その企業が本当にいい企業かどうかより、「報告するときに聞こえのいい企業」を選ぶ傾向にあります。

　具体的に例を挙げてお話ししましょう。

　私はスーパー、パチンコホール、ITという3つの業界で採用担当をしてきました。

　スーパーやパチンコホールの会社では、大卒内定者の過半数が「内定辞退」をしていました。ですが、実はどちらもとても立派な企業でした。いずれも社員数2,000人以上で、今も健在です。給与、福利厚生もまともで、生涯設計は十分に成立する会社でした。

　しかし結局は、「大学を出たのに、スーパーに就職か」「大学を出たのに、パチンコ店に就職か」と、周囲から

の猛反対を受け（もしくはそう思われているであろうということを感じ）、辞退に至ります。

　一方、東京の渋谷区にあった社員200人のＩＴベンチャー企業では、大卒内定辞退者がほぼゼロでした。ところが実際は、そのＩＴ企業は、業績も、労働環境も、待遇も、先に述べたスーパーとパチンコホールに比べて、著しく劣っていました。現在では、倒産してなくなっています。

　結果的につぶれてしまう最も弱い企業が、最も好んで選ばれる。このような不思議なことが、現実にあったのです。スーパーやパチンコに比べて、「渋谷のＩＴ企業」のほうが周囲への聞こえがいい。それだけが理由です。

　大学４年生になれば、親はもちろん、親戚、友人、大学の先輩・後輩、アルバイト先の仲間など、会う人会う人に「就活はどう？」と聞かれます。

　そこで「スーパーに決まった」と言ってがっかりされるのか、「ＩＴ企業に決まった」と言って感心されるのかは、本人にとっては切実な問題かもしれません。

　しかし、就活の本質は、そこにありません。**ネームバリューや聞こえの美しさは、その場限りの価値にすぎない**のだということを忘れないでください。

53 3年で3割の新卒が辞める理由その4
マズローの欲求5段階説を無視した就職活動

　アメリカの心理学者、アブラハム・マズローの「欲求5段階説」をご存じでしょうか。これは、「人間の欲求は5段階の層になっており、低階層の欲求が満たされると、より高い階層の欲求を覚える」というものです。

第1階層：生理欲求
　（寝たい。食べたい。トイレに行きたい）
第2階層：安全欲求
　（怖いのはイヤ）
第3階層：社会欲求
　（仲間がほしい）
第4階層：尊敬欲求
　（尊敬されたい。愛されたい）
第5階層：自己実現欲求
　（より良い自分になりたい）

　これらを就活における企業評価に当てはめると、次の

ようになります。

第1階層：生理欲求
（給与が悪くない。休日がある。残業が過剰ではない）
第2階層：安全欲求
（つぶれない）
第3階層：社会欲求
（社風がいい）
第4階層：尊敬欲求
（出世・昇格のチャンスが多い）
第5階層：自己実現欲求
（社会貢献ができる）

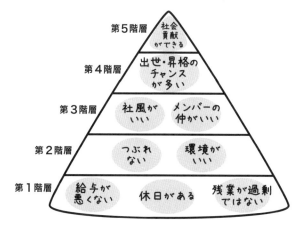

第1階層から順に、自分の理想を固めていこう！

企業評価は欲求段階の下層から順を追ってチェックを行うべきです。

　ところが、厄介なことに多くの企業の会社説明会では、「第3階層」「第4階層」「第5階層」がその話題の中心であり、「第1階層」「第2階層」の話にはあまり触れません。

　社風が良くて、自己承認欲が満たされ、社会貢献ができても、休日、労働時間、給与、安全性が満たされなかったら、そこで働きたいという気持ちが続くはずがありません。

　会社説明会の構成が変わることはありませんが、欲求5段階説を理解したうえで、あなたが冷静に会社情報を整理して評価すれば、この問題は解決できます。それはさほど難しいことではありません。

Ukaru MENSETSU
Ochiru MENSETSU

圧倒的に勝つ方法を見出す

この章では、入社後のスピード出世をも見据えた「究極の自己成長法」を伝授します。ハードルが高いものばかりですが、圧倒的に勝ちたい人は積極的に取り入れてください。

第1章
第2章
第3章
第4章
第5章
第6章
第7章
第8章
第9章
第10章

54 本気で社長を目指す

　社長を目指す人の覚悟と成長スピードは、他の人とは桁が違います。現役のビジネスパーソンでも就活生でも、将来社長になりたいという人は、圧倒的に高いレベルの覚悟と成長スピードをもっています。

　ビジネスは主に4つの仕事で成り立っています。
①商品(サービス)開発
②営業(広告宣伝含む)
③経理(お金のやりくり。財務を含む)
④人事(採用、教育、組織づくり、労務厚生)

　社長はこの4つの仕事のすべての戦略に直接的に携わる仕事です。一方、副社長以下はたとえ役員であれ、この4つのうち1つのスペシャリストであれば務まります。
　ここが、大きな違いです。

**　将来社長になろうと本気で考えている人は、例えばハー**

ドな仕事や困難な課題に対しても、むしろそれを「修行」だとポジティブに捉え、前向きに挑戦します。

　誰かにやらされているという感覚は全く持ち合わせていません。だからこそ、断トツの結果が出るのです。

　「就活を成功させたい」と思ってこの本を手に取った読者の方にとっては、途方もなく遠い場所を目指せと言われているような感覚でしょう。

　皆さんの気持ちはよくわかります。私自身、社長になりたいと思ったのは37歳ぐらいの頃で、それまでは社長になる人生なんて想像したこともなければ、目指したこともありませんでした。

　学歴も成績もスポーツも、「自分は何が取り柄なのだろう」と自己嫌悪になるような、のび太くんに近い少年でした。そんな自分でも、社長を目指すと覚悟を決めたことで、現在、そのポジションにいます。

　オリンピックでメダルをとることを本気で目標にしたら、市民大会の頂点に立つことなど簡単に思えるものです。同じように、社長を目指したら、役員になることすら楽勝に思えます。社長を目指すことは、圧倒的な結果を出すことにつながります。

　人生は、才能や生い立ちなどではなく、どこに目標を定めるかで決まるのです。

55 週2冊以上、本を読む

 かつて東京都初の民間人校長として、杉並区立和田中学校の校長を務めた藤原和博さんは、著書『本を読む人だけが手にするもの』(日本実業出版社) の中で、次のような趣旨のことを述べています。
「20代の頃は、全く本を読まなかった。意を決し、30歳を機に、年間100冊の読書をした。すると**300冊を超えたあたりで、脳みそから言葉のシャワーがあふれてくるようになった**」
 この文を読んだとき、私自身、確かに脳みそが別物になった感覚は、300冊あたりのラインにあるような気がしていたので、とても共感できました。

 我が社に新卒で入社したある男性社員は、ものすごい読書家で、1日1冊に近いペースで本を読んでいます。
 そのジャンルは実務、経営学、小説、歴史、そして哲学まで多岐にわたります。
 彼は頻繁にAmazonで5〜10冊の本をまとめ買いし

ます。彼の机の上には常に7〜8冊くらいの本が積んで
あり、その本がどんどん入れ替わります。

　そんな彼の思考とビジネスボキャブラリーは、23歳
にして30歳をはるかに超えるレベルです。私は彼を入
社2カ月後の6月に、執行役員営業本部長に昇格させま
した。
　そして彼は、その役職にふさわしい仕事をこなしてい
ます。取引先の経営者の方々と同じ目線で会話をしなが
ら、一層の成長を重ねています。

　**1冊の本には、著者が長年かけて築いたノウハウや体
験が凝縮されています。それをわずかなお金と時間で吸
収することができるのです。**読書する人としない人の成
長速度が違うのは当たり前です。
　1冊1冊、熟読する必要はありません。多少飛ばしな
がらでも、要点を押さえ、「ああ、この本はこういうこ
とを言っているのだな」とわかれば、1冊クリアです。
50冊を超えたあたりから、1冊を読破することの苦痛
が消え、いつの間にか本を読むことが楽しくなります。
　まずは、週2冊以上、本を読むことを目標にしましょ
う。本を読めば、人生が変わります。

第9章　圧倒的に勝つ方法を見出す

56 ビジネス番組を活用する

　当社が主催するセミナーに参加した大学３年生から、よく次のような質問をいただきます。

「就活解禁日まで、どのようにして就活の準備をしたらいいでしょうか？　インターンや自己分析などは必須ですか？」

　私の答えは、こうです。

「まずすべきことは、家に引きこもってもいいので、**ビジネス番組を１本でもたくさん視聴しなさい**。『カンブリア宮殿』『ガイアの夜明け』（以上、テレビ東京）、『がっちりマンデー‼』（ＴＢＳ）、『プロフェッショナル 仕事の流儀』（ＮＨＫ）など、毎週視聴するだけでなく、オンデマンドサービスを使い、**ネットでバックナンバーもどんどん見なさい**」

　『カンブリア宮殿』は企業研究に役立ちます。『**ガイアの夜明け**』では、日本社会のことを広く知ることができ

ます。『**プロフェッショナル　仕事の流儀**』では、やりたい仕事、かっこいい仕事が見つかります。そして『**がっちりマンデー!!**』では、さまざまな切り口からビジネスのことを総合的に学ぶことができます。

　例えば『カンブリア宮殿』は、あの1時間足らずの放送に、なんと平均4カ月半の制作期間を要するのだそうです。スタジオでの社長インタビューを中心に、本社、工場、海外の生産地にまで、カメラを何台も送り込みます。
　ナレーションのクオリティも高く、よくつくり込まれたスライド画像も駆使されています。**短時間で、多くの情報と理解を得ることができる**番組です。これは、会社説明会で得られる情報量の比ではありません。

　会社説明会への訪問は、時間的に1日2社程度が限界です。しかし**ビジネス番組は、1日10本視聴することもできます。**
　テレビ、パソコン、スマホに展開される就活に役立つ映像情報の豊富さは、今の大人たちが就活をしていた時代とは比較になりません。
　一昔前までは、「情報は足で稼げ」と言われていました。しかし、時代は変わったのです。就活の情報収集手段も日進月歩で進化しています。新しい手法をどんどん活用しましょう。

57 入社後にすべき自己啓発を今から始める

「入社後は営業成績トップを目指します」

　面接で就活生がよく言うセリフです。

　私はこう聞き返します。

「それでは、営業のトップに立つために何かすでに始めていることはありますか？」

　これは、営業を志望する学生に限りません。新聞記者になりたいという学生に、「それでは、例えばブログを書いて、文章力を磨いたり、そのアクセス数を増やすにはどうしたらいいかなどの研究をしていますか？」と質問します。

　テレビ番組の編集をしたいという学生には、「自分で動画を撮って編集し、動画投稿サイトにアップして、視聴回数を増やすといった試みを行ったことがありますか？」と質問します。

いずれもほとんどのケースで、**回答は「NO」**です。

トップをとるために必要なことは、「どんな状況にいても使える手段は目いっぱい使うこと」です。それはどの世界でも同じです。社会人より明らかに時間がある学生で今、その努力ができていない人が、入社後にトップをとれるはずがありません。

ほとんどの就活生は、「入社後に頑張ります！」と言います。それはむしろ普通のことであり、そのような人が就活弱者であるということはありません。

入社後に必要な自己啓発を、今から始めよう！

しかし、そんな中で、「もうその努力を始めています」と言えたら、就活の場で、「圧倒的」なレベルに立つことができます。

　新卒で企業に入ると、まずは入社式で同期の存在に大きな刺激を受けます。そして多くの場合、「頑張ろう！」「同期に勝とう！」と意を決し、書店に飛び込むことになります。

　そこで、『入社1年目の○○』という本や、『最強の営業社員になるための○○』というビジネス書、あるいは、その業界の伝説の人物の自伝を探すことになるでしょう。

　そうしたことを見越して、今、書店に行けばいいのです。
　時間のある学生時代のうちに、やらない手はありません。難しいことでもありません。
　例えば営業職を目指している場合、営業社員向けの指南書は、古書店の100円コーナーにもごろごろ転がっています。そのどれでも構いません。1冊でいいので、2時間だけ、一生懸命目を通してみてください。それだけでもうあなたは、営業志望の就活生の中で、「圧倒的」なレベルとなるでしょう。

Ukaru MENSETSU
Ochiru MENSETSU

自分に合わない企業を回避する

あなたが内定を勝ち取った企業は、本当にあなたが入社するにふさわしい企業でしょうか。この章では、自分に合わない企業を回避する方法をご紹介します。

第10章

58 ブラック企業は「2つの軸」で見分ける

　江戸時代後期の思想家である二宮尊徳（通称：二宮金次郎）は、次の言葉を遺しています。

「道徳なき経済は罪悪であり、経済なき道徳は寝言である」

　この金言はそのまま、企業選びに当てはまります。
「道徳なき経済は罪悪」
　つまり、人としての道から外れた金儲けは犯罪であるということです。これはイメージしやすいでしょう。

　一方、見落としがちなのが、後半の部分です。
「経済なき道徳は寝言」
　一生懸命仕事をしても、それで儲からなければ、そんなものはただの寝言だということです。
　どんなに人の役に立つことがしたいと言っても、稼ぎがなければ、経済的に誰かに依存しないと生きていけま

せん。

いくら大義やロマンを胸に抱いて働いても、お金を稼げなければ、かえって社会に迷惑をかけることになります。

つまり、**就職先としての企業評価は、「経済」と「道徳」の2軸で判断すればいい**のです。

経済が○か×か、道徳が○か×か。

「経済も道徳も○」という企業は当然素晴らしいのですが、残念ながらそのような企業は多くありません。

ほとんどの企業は、「経済は○で道徳は△か×」か、「道徳は○でも経済は△か×」のどちらかです。

問題は、「経済も道徳も×」の会社です。

そんな企業の仕事のどこに喜びがあるのでしょう。

これがいわゆる「ブラック企業」です。

そのような企業に間違って入社してしまわないためにも、企業研究はしっかり行いましょう。

第10章 自分に合わない企業を回避する

143

59 ブラック企業の見分け方（経済編）

　就職先として企業を評価する際、経済面で最も重要な指標は「労働生産性」です。売上高ではありません。経常利益でもありません。負債の有無でもありません。

　社員の待遇がいい企業は、ほぼ例外なく労働生産性の数値が優良です。労働生産性とは、「1人が生み出す売上総利益」のこと。売上総利益とは、「売上」から「売上原価（仕入れや製造にかかる費用）」を差し引いたもので、ざっくりとした「儲け」を表します。

　つまり労働生産性とは、「1人が1年（または1時間）当たり、どれだけ稼いだか」を示す指標です。

　社員の給料は企業の儲けから出るので、1人当たりの労働生産性によって、待遇が決まります。

　実例をご紹介しましょう。私が新卒で入った企業の労働生産性は、社員1人1時間当たりで約3,800円、待遇は普通でした。この生産性は高いとは言えません。日

本の平均値くらいです（ちなみにアメリカは約6,000円、世界最高クラスのノルウェーは約8,000円です）。

　自分の生活は並みの水準だなと思っていたあるとき、ほぼ同じ業界の企業が、私の経験が生きるキャリア採用を行っているのを知りました。その企業の生産性は、なんと社員1人1時間当たり1万円。ご縁をいただき、転職をしました。

　生産性の違いはとても大きなものでした。

　年収が200万円もUPしたのです。それだけではありません。社員食堂の料金は3割ほど安く、前職では1杯80円だったコーヒーやジュースがすべて無料。これにより、出費も月に約1万円減りました。

　労働生産性がいかに社員の待遇に直結するかが、よくわかると思います。

　ところが残念ながら、労働生産性はナビにも決算書にも載っていません。とはいえ、**決算書に掲載されているその企業の年間の「売上総利益」を社員数で割り、さらにその数字を2,000で割ると**（1日8時間、週5日勤務の場合の年間労働時間は約2,000時間のため）、正解に近い数字をはじき出せます。

　決算書を公開している企業があれば、ぜひ数字を比べてみましょう。

第10章 自分に合わない企業を回避する

60 ブラック企業の見分け方（道徳編）

　数字で客観的に評価できる「経済」とは違い、「道徳」の評価は皆さん1人ひとりに委ねられます。

　加えて、中小企業やベンチャー企業は、売上高やモデル給与など、数字が開示されていないことがほとんどです。この場合は特に、「道徳」が企業評価の大きなウエイトを占めることになります。

「道徳」で企業を見るポイントは1点。その企業の社長を尊敬できるかどうかです。

　122ページでもお話ししましたが、その企業のトップを知ることは、入社後のミスマッチを防ぐことにもつながります。

　社長評価のポイントは、次の3点です。

①信頼性
　人として信頼できる人物でしょうか。あなたの主観で構いません。

②利他主義（ビジネスにおける大義）

利他主義は利己主義の反対です。社長のビジネスに向かう動機が、金儲けや地位欲、名誉欲では決して尊敬できないでしょう。「自分を犠牲にしてでも誰かを幸せにしたい」と考えている人物でしょうか。

③戦略頭脳

ビジネスの世界を勝ち抜くには、戦略頭脳が必要です。

その社長は先を見据えながら常に策を打つことができる、クレバーな人物でしょうか。

道徳と言うと、社風を思い浮かべる人もいると思います。多くの就活生は、社風を重視します。それは良いのですが、問題は何をもって社風を判断しているかです。

社風とは、採用担当の優しさや先輩社員の笑顔で判断できるものではありません。

社風のコントローラーは社長です。社風は、社長の意図するものにしかなりません。社風を見極めるという点においても、社長について知ることは重要です。

社長の仕事観、人生観、生い立ちなどを知れば、その会社の社風や道徳を、深く理解することができます。

61 初任給は重要ではない。大事なのは将来の年収である

　初任給で志望企業を選ぶ人は案外多くいます。しかしそこに、落とし穴があります。**労働生産性の高い優良企業も、労働生産性の低いブラック企業も、初任給ではそんなに差はつかない**のです。

　ブラック企業は、求人票の格好をつけるために、あえて「初任給だけ」を高い金額に設定していることがあります。

　企業には「賃金テーブル」というものがあります。賃金テーブルとは、「20歳で○万円、22歳で○万円、その後は出世に応じて○万円ずつ積み上がる」というような、賃金カーブのことです。

　初任給だけが高く、あとは横ばいというケースもあります。そうしたところは、「人件費にいかにダメージを与えずに、求人票の見た目を美しくするか」を考え、初任給のみを高くする給与制度がつくられているのです。

A社とB社とでは、給与水準が倍も違う。そんなことはざらです。しかし新入社員の月給は、どこも20万円台が相場です。給与水準の高いA社が初任給・月給20万円で社員を募集している中で、給与水準が低いからといってB社が月給10万円にするわけにはいかないのです。

　入社時は、ほぼすべての社員が独身で、1人ひとりの生活力には差がありません。年収の差もそんなに気にならないでしょう。
　しかし、結婚して子どもが産まれるなどライフステージが変化したとき、年収が300万円なのか、600万円なのか、800万円なのかでは、生活レベルに大きな違いが生じてしまいます。
「今」ではなく「10年後」「20年後」の生活に思いを馳せることが、企業選びで失敗しないポイントです。

　144ページで紹介したように、労働生産性を研究すれば、企業の給与支払い能力はある程度推測できます。生涯賃金の最大のヒントも、労働生産性にあるのです。
　求人票の初任給に惑わされず、しっかりと自分で情報を集めて分析しましょう。

第10章 自分に合わない企業を回避する

62 年収はいくらあれば幸せなのか

　企業の平均年収に関するデータは、インターネットを検索すれば、簡単に情報を得ることができる時代になりました。

　上場企業の平均年収ランキングのようなデータを見ると、ある企業は300万円、また、ある企業は1,500万円と、大きな開きがあります。

　その背景にあるものは、やはり労働生産性の違いです。世の中の仕事には1時間、外で一生懸命汗を流しても100円しか儲からないものもあれば、室内でパソコンを操作して1時間で何十万円も利益を出せるものもあります。

　私の歩んできた人生を例に挙げましょう。

　30代の頃は極めて標準的な経済力で家庭を支えていました。当時、子どもは幼稚園児2人を含む3人。

　幼い子どもを3人も抱えていると、妻は毎日目の回るような忙しさでした。そんな状況下で、専業主婦を希望する妻が会社を辞めることができたのは、私の年収が

600万円に達した頃でした。

その年収で、東京に3LDKの賃貸マンションを借り、車をもつ生活を実現できました。ときに外食もし、休日には行楽、休暇には旅行。このような、多くの人が描く、ごく普通の、特にお金には困らない生活を首都圏で可能にする年収が600万円でした。

それでもパパである私の小遣いは月5万円程度。学生時代にアルバイトで稼いだ額より少なく、「あれ？　こんなに頑張って上場企業で出世して年収600万円になったのに、学生時代より手元に金がない？」と思いましたが、これは笑い話です。

また、**上場企業の平均年収は約38歳で600万円弱というデータもあります。**

以上のことから、多くの人が描く幸せな家庭のイメージを実現する世帯年収は、今の日本において600万円前後と言えるでしょう。

何をもって幸せを感じるかは人それぞれですが、上記のデータは目指すべき年収の1つの目安になるはずです。

63 数字は「比較」で理解する

　数字を見るのが苦手な人は、社会人にも少なくありません。しかし、苦手だからといっていつまでも数字に向き合わないと、競争で後れをとります。

　企業研究をするときにも、その企業の売上高、従業員数、資本金、経常利益などをチェックするのが大切ですが、これらの**数字を、ただ大きい、小さいという観点で見てはいけません。**

　私自身、就活中はおろか、就職後もビジネスに関する数字は大変苦手で苦労しました。小売業の企業で働いて日々商売をしていたのに、数字が頭に入らないのです。ところが社会人2年目からいろいろな数字が自然と頭に入るようになりました。
　そのカギは、**「比較」**にありました。
　1年目の頃は数字が頭に入らなかったのですが、2年目になり、「昨年の同時期との比較」をすることで、す

いすい頭に入るようになったのです。

このように、数字は比較することで、格段に理解がしやすくなります。

企業研究をする際の数字のチェック方法のポイントは、次の3つです。

①「時系列」で比べる

例）昨年と比べる／10年前と比べる

②「平均値」と比べる

例）業界平均と比べる／全国平均と比べる

③「同業他社」と比べる

例）売上を比べる／従業員数を比べる

就職サイトや求人票に掲載されている企業の数値だけでは、この比較はできません。今年の数値しか掲載されていないからです。

過去の数値も、同業他社の数値も、インターネットを使えばすぐに入手できます。あとは比較という武器を使えば、数字が苦手な人でも違いを理解できるはずです。

64 成長企業は「社員の増加傾向」で見る

「社員数」を単体で見ても意味がないのは、前項でお話しした通りです。

社員数は、過去の数字と比べることが大切です。**社員数が増え続けている企業こそが、「成長している企業だ」**と判断していいでしょう。

売上は、景気の波など、企業の力とは別の要因が働いて増減することがあります。これは、人間の体で言えば肉です。一方、社員数は、人間の体で言えば骨です。大人になるまで成長し続けます。ある時期、その成長は止まるかもしれませんし、縮み始めたら老衰です。企業の成長で大事なのは、体重ではなく身長なのです。

また、企業の事業計画は社員数で決まります。**社員を増やしているということは、企業がそれだけ大きな事業を動かそうとしている証**です。新規事業も事業拡大も、人がいなければできないわけですから。

つまり、社員数が増加傾向にある企業は、「現状から
さらに成長が見込める企業である可能性が高い」と言え
るでしょう。

　ただし、**新卒採用人数が多い＝成長企業とは限らない**
ということも知っておいてください。

　実は、しっかりした良い企業でも、１年で社員の１割
ほどは退職します。私が在籍していたある上場企業は社
員が約2,000人で毎年約200人が退職していました。

　人事部にいたので、200人すべての退職理由を知るこ
とができました。それらを見ていると１割くらいの離職
率は、どれほど良い企業であっても避けられないという
ことがよくわかりました。田舎へ帰る、新しい夢を見つ
けた、家庭の事情、などは一定数発生するのです。

　辞めた200人分は大卒で100人、高卒で30人、中途
採用で70人を採り、補充します。毎年その繰り返しで
した。

　その企業の社員数はその後20年間、今も約2,000人
のままです。

　このように、今以上には成長しない上場企業は、実は
とても多いのです。

　善し悪しではなく、これを安定と見るか閉塞的と見る
かは、あなた次第です。

65 ウサギよりカメ。就活の勝敗が決するのは60〜70歳である

　人生の勝ち負けについては、人それぞれ考え方があるでしょう。

　その中で**「就活の勝ち負け」**は何かと考えたときに、私は**「60歳、あるいは70歳になったときに、いい社会人生活だった」**と振り返ることができるかどうかで決まると考えています。

　就活はつらいものですから、どうしても「目先」のことだけを考えてしまいがちです。

　周囲に美しい報告ができる企業の内定を勝ち取り、早く就活を終えて、大学生として遊べる生活に戻りたい。あとは来年の春、素敵な入社式を迎えて、それなりにやりがいのある仕事をしながら、おいしいものが食べられればそれでいい。そこから先はノープラン。

　このような学生はとても多いのですが、果たしてそれで、60歳、70歳になったときに「いい社会人生活」だ

ったと振り返ることができる人生を歩めるでしょうか。

日本の社会は高齢化にともない大きく変わり、「60歳が定年」という前提は崩れ去ろうとしています。今の就活生の世代が年金をもらえるのは75歳からという説も出始めています。

おそらく今後、定年も70歳前後に引き上げられることでしょう。

つまり、22歳で入社したとして、48年は働き続けることになります。**就活では「40歳での成功」をイメージしてキャリアプランを立てる学生が多いのですが、本当のゴールは、そこからまだ30年先にある**のです。

「40歳で幹部になれるかどうか」という競争が入社18年で決着してから、以後をたそがれモードで30年間過ごすのは、つらくないでしょうか。そのためにも今、「60歳、70歳の自分」について真剣に考える必要があります。

晴れて複数の企業に内定し、あなたが選ぶ立場になったとき、**「この企業に勤めれば素敵な60歳を迎えられそうだ」とイメージできる企業を選ぶ。**

これは皆さんに大変おすすめしたい、本質に即した企業選択方法の1つです。

第10章

自分に合わない企業を回避する

おわりに

プロフェッショナルとは

「就職がゴール」という発想はNGです。

　本当の戦いは、就職後に始まります。この戦いには第1ステージと第2ステージがあります。

　第1ステージのクリアは、「プロフェッショナル」になること。第2ステージのクリアは、定年時や引退時に「社会人人生の誇り」を感じることです。

　プロフェッショナルとは何か。

　この話題は100ページでも触れましたが、「その仕事に対して1万時間以上、真剣に向き合った人のこと」です。仕事に携わる時間が1万時間に到達するのは、週休2日で残業なしという環境で働いた場合、5年です。

　この5年を、大卒の場合で10年後にあたる32歳までの10年の間に必ずつくってください。32歳までの5年ですから、いわゆる第二新卒でも大丈夫です。仮に若年転職をしても、どこかの会社で32歳までの集中的な5年をつくれれば、第1ステージはクリアです。

　第2ステージのクリアについては、私の話をさせてください。80歳を過ぎて今も健在の私の父の話です。

サラリーマンとして定年を迎えた父でしたが、その途中には起業や数回の転職がありました。家族とのコミュニケーションはどちらかと言えば希薄なほうでした。

そんな父が、定年後にこう言ったのです。

「秀一、俺はいろいろ良くないことも失敗もした。ただし、これだけは誇りに思っている。仕事はした」

40歳に差し掛かろうとしていたそのときの私は、生まれて初めて父を「すごい！」と思いました。そして、これこそが就活のゴールであると考えました。

人生はワークライフバランスだと言ってのんびり仕事をしていた私の人生観は、この一言で一変したのです。「『仕事をした』と言える、そんなおじいさんになりたい、それしかない！」と。

これから社会人としてのスタートを切る皆さんにも、ぜひそのようなゴールを目指してほしいと願っています。

本書を読み、考え方を変えれば、きっと満足のいく社会人人生を実現させることができます。

皆さんより30年以上キャリアを積んだ私の戦いも、まだ道半ば、なのです。

兵頭秀一

著者紹介

兵頭秀一（ひょうどう・しゅういち）

株式会社ちかなり代表取締役、就職サイト「合説どっとこむ」編集長、東京経済大学体育会バドミントン部総監督。1988年に同大学を卒業後、新卒で上場企業のスーパーマーケットチェーンに就職。28歳のときに人事部に異動となり、その後は約15年、人事に携わる。4社で採用の責任者を務めた人事の専門家。年間大卒600人採用やITエンジニアの月間50人採用など他に例を見ないプロジェクトをマネジメントし、成功させた。2007年には就職サイト「合説どっとこむ」を開発しリリース。2008年には同サイトの運営会社として株式会社ちかなりを創業。現在、北海道から九州まで開催されている大型ヒット企画「面接力養成就活講座」の構成、テキスト執筆、主任講師も務める。同講座の累計参加者は1万人を超える。

●就職サイト「合説どっとこむ」 https://www.gosetsu.com/

編集協力／前田浩弥
本文イラスト／sugiura

人事経験者だけが知る採用と不採用の境界線
受かる面接、落ちる面接　　　　　　　　〈検印省略〉

2017年 12月 30日　第 1 刷発行

著　者──兵頭　秀一（ひょうどう・しゅういち）

発行者──佐藤　和夫

発行所──株式会社あさ出版

〒171-0022　東京都豊島区南池袋 2-9-9 第一池袋ホワイトビル 6F
電　話　03（3983）3225（販売）
　　　　03（3983）3227（編集）
Ｆ Ａ Ｘ　03（3983）3226
Ｕ Ｒ Ｌ　http://www.asa21.com/
E-mail　info@asa21.com
振　替　00160-1-720619

印刷・製本　神谷印刷（株）
乱丁本・落丁本はお取替え致します。

facebook　http://www.facebook.com/asapublishing
twitter　　http://twitter.com/asapublishing

©Shuichi Hyodo 2017 Printed in Japan
ISBN978-4-86667-024-9 C0030